ANNETTE SCHLEINZER

# MADELEINE DELBRÊL – PROPHETIN FÜR EINE ERNEUERTE KIRCHE

Annette Schleinzer

# Madeleine Delbrêl – Prophetin für eine erneuerte Kirche

## Impulse für Realisten

VERLAG NEUE STADT
MÜNCHEN · ZÜRICH · WIEN

D i e  A u t o r i n ,  Dr. Annette Schleinzer, Jahrgang 1955, Theologin und Exerzitienbegleiterin, langjährige Theologische Referentin des Bischofs von Magdeburg, ist eine der anerkanntesten Madeleine-Delbrêl-Kennerinnen im deutschen Sprachraum. Sie pflegt seit Jahrzehnten persönliche Kontakte zum Freundeskreis von Madeleine Delbrêl in Ivry/Frankreich.

Klimaneutral gedruckt. Weil jeder Beitrag zählt.

MIX
Papier
FSC FSC® C083411

CPI klimaneutral
Mehr Bäume.Weniger $CO_2$

2023, 3. Auflage als Neuausgabe

Umschlaggestaltung und Satz: Neue-Stadt-Grafik
Druck und Bindung: CPI books GmbH, Leck
ISBN 978-3-7346-1329-6

www.neuestadt.com

# Vorwort zur Neuausgabe

Seit dem Erscheinen dieses Buches im Jahr 2017 hat sich die kirchliche Situation noch einmal verändert, ja verschärft. Die immer neuen Erkenntnisse zum Ausmaß des sexuellen und geistlichen Missbrauchs haben zu einem massiven Vertrauensverlust vor allem bei kirchlich sozialisierten Menschen geführt. Die Zahlen der Kirchenaustritte sprechen hier eine deutliche Sprache. Zudem hat der Synodale Weg ans Licht gebracht, welche gegensätzlichen – und zum Teil auch unversöhnlich erscheinenden – Positionen es innerhalb der Kirche nach wie vor gibt. Nachdem Papst Franziskus in seiner ersten Enzyklika „Evangelii gaudium" so leidenschaftlich und überzeugend zu einem Aufbruch der Kirche aufgerufen hatte, hat sich inzwischen bei nicht wenigen Ernüchterung, ja Enttäuschung breitgemacht. Darüber hinaus hat sich in der Corona-Pandemie bestätigt, was sich längst schon angebahnt hatte: Es gibt einen „schleichenden Relevanzverlust der Kirchen in unserer Gesellschaft".[1] Viel-

1 Bischof Dr. Georg Bätzing, Ansprache beim St. Michaels-Jahresempfang am 27. September 2021 in Berlin.

fach erwartet man von den Kirchen deshalb keine konkrete Hilfe mehr bei der Bewältigung von Krisen, und die innerkirchlichen Auseinandersetzungen – ja selbst die Skandale – lösen bei manchen nur noch Schulterzucken aus.

Mehr denn je halte ich es angesichts dieser Entwicklung für notwendig, alle Kräfte für eine radikale Erneuerung der Kirche einzusetzen. Radikal im tiefsten Sinne des Wortes: an die Wurzel gehend. Wir sollten, schreibt Tomáŝ Halík, „die Zeit nicht damit verlieren, die Liegestühle auf der Titanic hin und her zu schieben".[2]

Ich bin davon überzeugt, dass Madeleine Delbrêl in diesem Sinne nach wie vor – oder erst recht – eine prophetische Gestalt ist in ihrer Konzentration auf das Wesentliche des christlichen Glaubens. Sie lenkt den Blick auf den Grund unserer Hoffnung: die Verheißung, dass der Auferstandene in dieser Welt gegenwärtig bleibt und dass es sein „Drang" ist, diese Welt – und damit auch die Kirche und das Leben jedes einzelnen Menschen – zu heilen und zu erneuern.

> „Die Verheißungen Gottes geraten nicht ins Wanken angesichts von Inkonsequenzen, Untauglichkeiten, Verblendungen, konkreten Grausamkeiten, denn sie gründen nicht in dem, was Menschen tun oder unterlassen. Die Verheißungen Gottes sind unerschütterlich und erweisen sich als wahr für die, die auf sie hoffen – für einen

2 Tomáŝ Halík, Zwischen Skylla und Charybdis. Zur Situation des Christentums in Europa heute, in: HerKorr 73 (2019) Heft 8, 22–26, hier: 26.

Einzigen, der darauf hoffen würde –, und seien die Katastrophen noch so groß.“ [3]

Sich darauf einzulassen, halte ich für den „christlichen Realismus“ schlechthin. Und deshalb behält dieses Buch auch den Untertitel „Impulse für Realisten“. Geringfügig verändert ist allerdings der Haupttitel: Anstatt Madeleine Delbrêl eine „Prophetin einer Kirche im Aufbruch“ zu nennen, haben wir uns dafür entschieden, in der nun vorliegenden Neuausgabe von ihr als „Prophetin für eine erneuerte Kirche“ zu sprechen.

Möge sie die Leserinnen und Leser dieses Buches zu einer „radikalen“ Erneuerung inspirieren und ermutigen!

*Röderhof, Ostern 2023*
*Annette Schleinzer*

3 Madeleine Delbrêl, IA 69.

# Inhalt

# Zur Einführung

Der christliche Glaube ist in unserer modernen Gesellschaft längst nur eine mögliche Option unter vielen anderen Weltanschauungen, Religionen und Lebensweisen. Einem großen Teil der Bevölkerung Westeuropas sind Glaube und Kirche fremd geworden. Viele Menschen aus allen Schichten und Milieus sehen keinen Zusammenhang mehr zwischen der Realität ihres Alltags und dem Evangelium. Sie suchen und finden einen eigenen Weg zur Bewältigung ihres Lebens.

In Ostdeutschland zeigt sich dies noch einmal auf eigene Weise: Über 80 % der Menschen gehören weder einer Konfession noch einer Religion an; sie sagen von sich, dass sie „normal“ seien. Gott kommt in ihrem Leben nicht vor, und das zum Teil schon seit Generationen. Religiöse Vokabeln sind für sie deshalb „wie Chinesisch. Sie sind ihnen unverständlich und werden nicht mehr als Hilfe zur Lebensdeutung und Lebensbewältigung erfahren“.[1]

---

1 Bischof em. Joachim Wanke, Interview mit der Tageszeitung „DIE WELT“ vom 3.5.2012.

Auf der anderen Seite kann man vielerorts auch eine Art „Wiederkehr der Religion“ beobachten, die von einer tiefen Sehnsucht nach Sinn gespeist wird. Oft wird der Kirche jedoch nicht zugetraut, dass sie diesen Hunger stillen könnte. Sie erscheint vielen als antiquiert und als eine Gemeinschaft von „Insidern“ mit einem fest gefügten Weltbild, an dem ihre Suche nicht „andocken“ kann. Sie wenden sich deshalb auf dem vielfältigen Markt der Möglichkeiten den sinnstiftenden Angeboten zu, die ihrem Lebensgefühl am ehesten entsprechen. Auf der Suche sind auch nicht wenige Christen und Christinnen. „Wenn ein Teil unserer Getauften die eigene Zugehörigkeit zur Kirche nicht mehr empfindet“, so Papst Franziskus, dann sei dies „auch manchen Strukturen und einem wenig aufnahmebereiten Klima in einigen unserer Pfarreien und Gemeinden zuzuschreiben ... oder einem bürokratischen Verhalten, mit dem auf die einfachen oder auch komplexen Probleme des Lebens unserer Völker geantwortet wird. Vielerorts besteht eine Vorherrschaft des administrativen Aspekts vor dem seelsorglichen sowie eine Sakramentalisierung ohne andere Formen der Evangelisierung“.[2]

Eltern und Großeltern machen sich Sorgen um ihre Kinder und Enkel, wenn diese mit traditionellen Ausdrucksformen des Glaubens nichts mehr anfangen können. Und dabei wissen sie oft selbst nicht, wie sie den Glauben, der ihnen als Kindern und Jugendlichen nahegebracht wurde, so in die heutige Zeit „übersetzen“ sollen, dass sie daraus Kraft für ihr

---

2 Papst Franziskus, Apostolisches Schreiben „Evangelii Gaudium“, 63. Im Folgenden: EG.

Leben schöpfen – geschweige denn, dass sie anderen davon etwas vermitteln könnten. Giovanni di Lorenzo bringt die offenkundige Not auf den Punkt, wenn er schreibt: „Ich wünschte mir, dass man mit den Zweifeln nicht allein gelassen wird. Aber es kommt mir manchmal so vor, als ob das die Frage ist, die Christen heute am meisten verdrängen: ‚Bist du eigentlich sicher, dass du glaubst?'"[3]

Eine Herausforderung eigener Art stellt dabei auch die Auseinandersetzung mit dem Islam dar. Die religiöse Überzeugung und die Praxis vieler Musliminnen und Muslime, die (oft durch Flucht) nach Europa gekommen sind, kann verunsichern und lässt Christen und Christinnen danach fragen, wie sie mit ihrem eigenen Glauben in unserer Gesellschaft präsent sein können.

Über all das hinaus findet sich die Kirche in einer Welt vor, die einen „epochalen Wandel" durchläuft. Er ist verursacht worden „durch die enormen Sprünge, die in Bezug auf Qualität, Quantität, Schnelligkeit und Häufung im wissenschaftlichen Fortschritt sowie in den technologischen Neuerungen und ihren prompten Anwendungen in verschiedenen Bereichen der Natur und des Lebens zu verzeichnen sind. Wir befinden uns im Zeitalter des Wissens und der Information, einer neuen Quelle neuer Formen einer sehr oft anonymen Macht" (EG 52).

Dabei ist sich nicht jeder und jede dann noch ganz sicher, „ob er oder sie in dieser Welt noch einen Platz hat, ob mor-

3 Giovanni di Lorenzo, in: DIE ZEIT, Nr. 45, 27. Oktober 2016, 51. Vgl. das gesamte Zitat auf S. 60.

gen noch etwas für einen dabei ist, ob man mitkommt, wenn vieles neu zu lernen ist".[4]

All diese Veränderungen sind für die christlichen Kirchen eine Herausforderung, auf die es kreativ zu reagieren gilt. Viele Einzelne, Gruppen und Gemeinschaften sind in dieser Hinsicht auch längst unterwegs.

Doch so manche Gläubige fühlen sich eher verunsichert und nehmen vor allem einen Mangel wahr: innerkirchlich z. B. den zunehmenden Mangel an Priestern, an Gottesdienstbesuchern und überhaupt an Mitgliedern ihrer Glaubensgemeinschaft – nach außen hin den Verlust an Bedeutung in der heutigen Gesellschaft, und in den ostdeutschen Bistümern die Erfahrung, eine verschwindend kleine Minderheit inmitten einer atheistischen oder religiös indifferenten Umgebung zu sein. Gerade auch hauptamtlich Tätige neigen dann manchmal dazu, sich solchen Mangel-Erfahrungen fatalistisch zu ergeben. Sie sind davon überzeugt, dass man der Situation nüchtern und realistisch ins Auge sehen muss. Dahinter verbirgt sich aber nicht selten ein „Gefühl der Niederlage, das uns in unzufriedene und ernüchterte Pessimisten mit düsterem Gesicht verwandelt", wie Papst Franziskus schreibt (EG 85).

Einen ganz anderen Grundton schlägt Madeleine Delbrêl (1904–1964) an, die nicht nur als eine Vorläuferin des Zweiten Vatikanischen Konzils gilt, sondern auch als eine „Prophetin der Nachkonzilszeit":

---

4 Angela Merkel, Rede vom 23.1.2017 beim Diözesanempfang in Würzburg.

„Ich glaube, du hast von den Leuten genug,
die ständig davon reden,
dir zu dienen –
mit der Miene von Feldwebeln,
dich zu kennen –
mit dem Gehabe von Professoren,
zu dir zu gelangen
nach den Regeln des Sports,
und dich zu lieben,
wie man sich in einem alten Haushalt liebt."

So schreibt sie in einem ihrer bekanntesten Gedichte, dem „Ball des Gehorsams".[5] Und sie ist davon überzeugt, dass das „Abenteuer des Glaubens" zwar in einer Zeit spielt, in der es kaum Wegmarken gibt – dass aber Gottes Heiliger Geist von „unerschöpflicher Fantasie" ist.

## Madeleine Delbrêl – Prophetin einer Kirche im Aufbruch

Madeleine Delbrêl wurde 1904 in Mussidan im Südwesten Frankreichs geboren. In ihrer Jugend war sie eine überzeugte Atheistin. Eine Lebenskrise und der damit verbundene intensive Suchprozess lösten in der Zwanzigjährigen eine Erfahrung aus, die sie als „überwältigende Bekehrung" (OC X 212; NK 263) bezeichnete: die Begegnung mit dem lebendigen Gott. Im Evangelium Jesu Christi hat sie eine

5 Vgl. den gesamten Text im Anhang S. 215–218.

Form dafür gefunden, aus diesem „unerhörten Glück“ zu leben und es mit anderen zu teilen.

Nachdem sie sich zur Sozialarbeiterin hatte ausbilden lassen, lebte sie über dreißig Jahre lang mit ein paar Gefährtinnen im kommunistisch geprägten Arbeitermilieu in Ivry, einer Stadt in der Pariser Banlieue. Dort versuchten sie gemeinsam, den Menschen nahe zu sein und so die Liebe Gottes zu bezeugen.

Schon in den Vierzigerjahren des vergangenen Jahrhunderts wurden viele auf sie aufmerksam, die nach neuen pastoralen Möglichkeiten in der zunehmend entchristlichten Kirche Frankreichs suchten. Für etliche von ihnen wurde Madeleine zur geistlichen Begleiterin und Beraterin. Mit zahlreichen Arbeiterpriestern – allen voran Jacques Loew – war sie zeitlebens freundschaftlich verbunden. Vor allem in ihren letzten Lebensjahren wurde sie immer häufiger zu Vorträgen eingeladen und um Erfahrungsberichte gebeten, bis hin zur Bitte um Mitarbeit bei den Vorbereitungen des Zweiten Vatikanischen Konzils.

Als sie am 13. Oktober 1964 ganz plötzlich an einem Schlaganfall starb, hinterließ sie trotz alledem nicht viel: ein Buch und zahlreiche unveröffentlichte Texte und Manuskripte; einen Freundeskreis, der kaum über eine kirchliche Minderheit hinausreichte.

Doch ihre Botschaft begann immer mehr auszustrahlen. Ihre Texte wurden posthum in mehreren Büchern herausgegeben und in sechs verschiedene Sprachen übersetzt.

Seit 1996 ist der Seligsprechungsprozess, den der Bischof ihrer Diözese bereits im Jahr 1988 beantragt hatte, von Rom offiziell anerkannt und Madeleine Delbrêl als „Dienerin Gottes" bestätigt worden.

Wie lässt sich dieses unerwartete Echo auf eine Frau erklären, die nie etwas anderes wollte, als ein „ganz gewöhnliches Leben" zu führen, und die ihre Berufung darin sah, „nichts anderes als das Wesentliche jeder christlichen Berufung" (CE 38; FG 24) zu verwirklichen?

Ein Schlüssel zur Person und zum Leben Madeleines[6] liegt in ihrer radikalen Konzentration auf das Wesentliche des christlichen Glaubens: auf die Liebe in ihrer untrennbaren Einheit von Gottes- und Nächstenliebe. Von dieser Liebe ist sie selbst als Zwanzigjährige erfasst worden – so sehr, dass sich daraus eine grundlegende Entscheidung ergab: „Wir haben nur ein Ziel, und zwar nicht das Ziel, etwas zu *tun,* sondern das Ziel, etwas zu *leben*: das Abbild Jesu Christi zu sein, indem wir sein Evangelium leben" (OC I 289).

Diese Grundentscheidung musste sich dann in einem Milieu bewähren, das für den christlichen Glauben alles andere als günstig erscheinen könnte, das sich für sie aber im Gegenteil als besonders geeignet erwies: „Ivry, die kommunistische Stadt, war meine Schule angewandten Glaubens; sie hat mir meine spirituelle Lehre erteilt" (vgl. OC X 210; NK 261).

Denn die Menschen, unter denen sie lebte, forderten sie – direkt oder indirekt – dazu heraus, sich auf die Grundlagen des Glaubens zu besinnen und diese von zeitbedingten Vor-

6 Madeleine Delbrêl stellte sich selbst oft nur mit ihrem Vornamen vor und wurde von anderen auch meist nur so genannt.

stellungen und Traditionen zu unterscheiden. Diese können sich immer wieder verändern oder müssen auch gelassen werden, wenn sie das Wesentliche verdunkeln. Das ist vor allem dann der Fall, so Madeleine, „wenn der Glaube dazu tendiert, am Status quo festzuhalten und sich zu konservieren und zu schützen; wenn er die ihm eigene Fruchtbarkeit und Wirksamkeit vergisst" (OC VIII 203; NK 204). Ihrer kommunistischen Umgebung verdankte Madeleine deshalb „eine Bekehrung zu einem echteren, wahreren, gesünderen Glauben" (OC VIII 205; NK 204) – zu einem Glauben, in dem Gottesliebe und Nächstenliebe, Mystik und Politik eine Einheit bilden. Auch darauf hat ihr Umfeld sie verwiesen: Die eine, unteilbare Liebe verlangt es, diese Liebe vor allem denen gegenüber aufleuchten zu lassen, für die Gott nicht existiert oder für die er ein Fremdwort geworden ist. Madeleine hat dafür die Grenzen des binnenkirchlichen Milieus immer wieder überschritten. Sie ist ganz buchstäblich dorthin gegangen, wo die Menschen sind, indem sie mit ihrer kleinen Gemeinschaft in ein Haus gezogen ist, das der Stadt gehört und das sich unmittelbar neben dem (auch heute noch) kommunistisch verwalteten Rathaus befindet.

Sie war davon überzeugt, dass solche „Grenzüberschreitungen" zum Glauben dazugehören. Denn das Evangelium zu verkünden ist nichts, was zum christlichen Leben noch dazukäme; es ist auch nicht die Sache einiger „Experten", sondern die Berufung aller Getauften, „die normale Reaktion unseres Organismus auf die Entchristlichung" (OC VIII 230; GwL 102). Deshalb war Madeleine davon durchdrungen, Jesus Christus „lebendig werden zu lassen in einer Welt, in der er unbekannt ist" (OC VII 21). Lange vor dem Zweiten Vatikanischen Konzil war ihr bewusst, dass die Kirche in Europa in diesem Sinne eine missionarische Kirche werden muss.

## Mission: ein belastetes Wort

Das Wort „Mission" löst allerdings – damals wie heute – bei vielen Menschen Abwehr, Befremden oder zumindest ein Fragezeichen aus. Sie assoziieren damit einen Eingriff in ihre Privatsphäre oder fürchten, kirchlich vereinnahmt zu werden. Nicht zuletzt werden auch Erinnerungen an die Geschichte der christlichen Mission wachgerufen, für die Papst Johannes Paul II. im Jahr 2000 ausdrücklich um Vergebung gebeten hat: „In manchen Zeiten haben die Christen bisweilen Methoden der Intoleranz zugelassen ... Die Rechte von Stämmen und Völkern haben sie verletzt, deren Kulturen und religiöse Traditionen verachtet."[7]

Das Handeln der Kirche war lange Zeit „das Tun einer Exportfirma, die eine europäische Religion, ohne eigentlich diese Ware verändern zu wollen, in alle Welt exportierte wie ihre sonstige sich für überlegen haltende Kultur und Zivilisation".[8]

Von einem solchen Missionsverständnis ist Madeleine weit entfernt. Niemals sieht sie sich im „Besitz einer Wahrheit", die anderen nahegebracht werden müsste. Das Wort

7 www.vatican.va/jubilee_2000/jubilevents/events_day_pardon_ge.htm – 6k –

8 Karl Rahner, Theologische Grundinterpretation des Zweiten Vatikanischen Konzils, 298.

Gottes lässt sich für sie auch nicht in eine Art Paket von ewig gültigen Sätzen einpacken und unverändert an einem anderen Ort wieder auspacken.

Es lässt sich nur bezeugen von Menschen, die eine Erfahrung mit dem lebendigen Gott gemacht haben; von Menschen, die darin vor allem auch mit Jesus Christus und seiner heilenden und befreienden Liebe in Kontakt gekommen sind und die miteinander daraus leben. Das ist auch der Ursprung des Evangeliums, das uns überliefert wurde: In ihm verdichten sich die Erfahrungen von Menschen, die Jesus Christus begegnet sind. Deshalb wird seine Botschaft am tiefsten in Begegnungen erfahrbar, Begegnungen, in denen alle „in einem Boot sitzen", in denen es kein Gefälle gibt zwischen Wissenden und Unwissenden, Gläubigen und „Nichtgläubigen". Papst Franziskus kennzeichnete die christliche Grundhaltung anderen gegenüber einmal durch die drei Stichworte „scelto – perdonato – in cammino": Christen sind erwählt, ihnen ist vergeben worden und sie sind selbst immer nur auf dem Weg zu Christus. Diese Haltungen sind für ihn so etwas wie ein „christlicher Personalausweis".[9]

Ganz ähnlich hat es auch Madeleine immer wieder gesagt, und viele, die ihr begegnet sind, haben sie so erlebt.

In ihrem Lebenszeugnis leuchtet nun – über fünfzig Jahre nach ihrem Tod – tatsächlich eine überraschende Parallele zu Papst Franziskus auf. Es ist frappierend, wie sehr das Anliegen des Papstes, das er z. B. in seinem Apostolischen

9 Audienz am 13.10.2016 anlässlich der Pilgerfahrt „Mit Luther zum Papst".

Schreiben „Evangelii Gaudium" zum Ausdruck bringt, bis in einzelne Formulierungen hinein dem entspricht, was Madeleine Delbrêl gelebt und geschrieben hat. Sie ist geradezu eine Prophetin der *„Kirche im Aufbruch"*, wie sie dem Papst so sehr am Herzen liegt: einer Kirche, die sich immer wieder erneuert, die aus sich herausgeht, die an die Peripherien geht: „Ich träume von einer missionarischen Entscheidung, die fähig ist, alles zu verwandeln, damit die Gewohnheiten, die Stile, die Zeitpläne, der Sprachgebrauch und jede kirchliche Struktur ein Kanal werden, der mehr der Evangelisierung der heutigen Welt als der Selbstbewahrung dient" (EG 27).

Dies war auch das Herzensanliegen Madeleine Delbrêls. Eindringlich fordert sie ihre christlichen Schwestern und Brüder deshalb auf, „heute, in der heutigen Welt und heutigen Zeit zu lauschen, was der Herr seit jeher für heute von uns will, für die heute lebenden Menschen, für unsere heutigen Nächsten, und zu bitten, dass wir es sehen und begreifen" (OC XVII 274f.; GwL 90).[10]

## Impulse für Realisten

Muss man dann aber unsere derzeitige Situation als Christen und Christinnen in Mitteleuropa nicht erst einmal nüchtern zur Kenntnis nehmen? Geben die Fakten dann nicht denen Recht, die darin vor allem einen Abbruch anstatt eines Aufbruchs sehen? Viele lieb gewordene Traditi-

10 Vgl. unten S. 33.

onen haben offenbar ihre prägende Kraft verloren; Kinder und Jugendliche, die zur Erstkommunion gegangen sind und gefirmt wurden, kommen danach meist nur noch selten in den Sonntagsgottesdienst; in ländlichen Regionen sterben kleinere Gemeinden aus; immer mehr Kirchen werden profaniert ... Und so ließe sich noch manches anfügen, was derzeit als Mangel erlebt und erlitten wird. Macht man sich nicht etwas vor und ist es nicht völlig unrealistisch, in dieser Situation von einer „Kirche im Aufbruch" zu sprechen?

Madeleine selbst spricht immer wieder vom „Realismus des Glaubens". Damit meint sie etwas anderes als bloß einen nüchternen Blick auf die Wirklichkeit. Realistisch sind Christen und Christinnen für sie dann, wenn sie Gott immer größer denken, als sie sich vorstellen können. Realistisch sind sie, wenn sie versuchen, alles mit den Augen von Ostern zu sehen, mit den Augen des auferstandenen Christus. Der „Realismus des Glaubens" ist dann weder Optimismus noch Pessimismus; er ist die Hoffnung auf das unzerstörbare Leben Gottes, eine Hoffnung, die auch das Leiden und den Tod integrieren kann.

> „All der gesellschaftliche Stuck mag von den Wänden bröckeln und zu Staub werden: die Hoffnung weiß, dass sie auf dem schmalen Grat des Glaubens – einem Felsen – gelassen warten kann. Die Hoffnung weiß: In der Ruhe und Sanftheit wahrer Kraft trägt dieser Fels das Fundament und das Wachstum der Kirche, der Mutter ewigen Lebens, durch alle Erschütterungen der Erde und der Kulturen hindurch" (OC XI 148; AdC 138).

Der Glaube kann dann zu jeder Zeit und unter allen Bedingungen „eine einzigartige Energiequelle" sein, „aus der ein Strom von Licht und Kraft" fließt (OC XI 197; AdC 185). Denn diese Quelle wird von der stets unverbrauchten Neuheit Gottes gespeist, von seiner „Liebe, die sich in die Zeit einbringt" (JC 177f; GwL 109).

Das führt zu einem Blickwechsel: Das, was wir derzeit an Veränderung des kirchlichen Lebens erfahren, muss nicht als Verfall gedeutet werden; mit den Augen des Glaubens lässt sich darin vielmehr eine Zeit des Wandels erkennen, in der sich eine neue Gestalt von Kirche anbahnt. So schrieb Karl Rahner schon vor 45 Jahren: „Die Situation der Christen von heute und somit der Kirche ist darum die Situation eines Übergangs von einer der früheren homogenen profanen Gesellschaft und Kultur korrespondierenden Volkskirche zu einer Kirche als derjenigen Gemeinschaft der Glaubenden, die sich in einem je persönlichen, freien Glaubensentschluss auch kritisch absetzen von dem durchschnittlichen Meinen und Empfinden ihrer gesellschaftlichen Umwelt ... Eine solche Kirche wird die Kirche der Zukunft sein, oder sie würde nicht mehr sein."[11]

Wer nur auf den Mangel schaut, orientiert sich im Grunde an einem Kirchenbild der Vergangenheit und an Ausdrucksformen des Glaubens, die ihre nährende und belebende Kraft verbraucht haben. Stattdessen – so Madeleine – wird der Glaube in der heutigen Zeit wieder neu dazu „herausge-

11 Karl Rahner, Strukturwandel der Kirche als Aufgabe und Chance, 36f.

fordert, die Fülle seiner Dimensionen zu entfalten" (OC VIII 132; NK 241).

„Jedes Mal, wenn wir versuchen, zur Quelle zurückzukehren und die ursprüngliche Frische des Evangeliums wiederzugewinnen, tauchen neue Wege, kreative Methoden, andere Ausdrucksformen, aussagekräftigere Zeichen und Worte, reich an neuer Bedeutung für die Welt von heute auf" (EG 11), schreibt Papst Franziskus. Solche neuen Zeichen und Worte sind auch im Leben von Madeleine sichtbar geworden.

Gott ist für sie nicht nur an den Orten zu finden, an denen er aus dem Blickwinkel traditioneller Kirchlichkeit vermutet wird. Sie hat ihn – oft unscheinbar und verborgen – mitten im Lärm der Straße entdeckt, in der Metro, in einem Pariser Szene-Café, überall dort, wo die Menschen sind, überall „dort, wo die neuen Geschichten und Paradigmen entstehen" (EG 74). Er begegnete ihr in den Armen und Bedrängten, in den „geringsten Schwestern und Brüdern". Und sie war davon überzeugt, dass Christen und Christinnen, die sich von Gott berühren lassen, selbst zu Gottes-Orten werden: als Einzelne und vor allem auch als Gemeinschaften, die im Namen Jesu versammelt sind.

Wenn Gott in diesem Sinne überall zu finden ist, ist das Leben eine Einheit. Es gibt dann keine Aufspaltung zwischen einem profanen, alltäglichen Leben und einem religiösen Leben.

> „Nirgendwo als in unserem Leben, das von morgens bis abends zwischen den Ufern unserer Häuser, Straßen, Begegnungen dahinströmt, will Gottes Wort wohnen.
> Nirgendwo als in unserem Geist, der uns durch unsere Arbeit, Mühsal, Freude, Liebe hindurch zu uns selbst kommen lässt, will Gottes Wort bleiben" (OC VII 160; NK 60f.).[12]

Und deshalb sind auch alle Getauften dazu berufen, „das Wort Jesu in seiner Fülle aufzunehmen" und daraus zu leben (OC VII 159; NK 60).

> Denn „der Glaube ist ein Realismus; nur wir machen daraus oft eine Abstraktion, ein ganzes System von Abstraktionen, und das zu Unrecht.
> Wir machen daraus eine abstrakte Lebenskunst, eine philosophische Theorie oder ein Gedankensystem, leiten Ideen daraus ab oder machen uns eine Vorstellung davon.
> Nun aber ist der Glaube eine praktische Wissenschaft: das Know-how des Lebens, und zwar heute und hier" (OC XVII 54f.; GwL 109f.).

Madeleine war davon überzeugt, dass es nichts gibt, was die Menschlichkeit des Menschen besser fördern und stärken könnte als das Gottes- und Menschenbild Jesu Christi.[13] Ihre Aufgabe sah sie deshalb darin, den Glauben immer wieder so zu „übersetzen", dass andere Menschen spüren können, dass er zutiefst mit dem Leben zu tun hat – nicht nur mit

12 Vgl. unten S. 79.
13 Vgl. Reinhard Körner, Gott. 95 Thesen, These 71.

dem Leben Madeleines und ihrer Gemeinschaft, sondern möglicherweise auch mit ihrem eigenen Leben.

Wie Papst Franziskus drängte es sie dabei, an die Ränder zu gehen. „Nicht nur an die geografischen Ränder, sondern an die Grenzen der menschlichen Existenz: die des Mysteriums der Sünde, die des Schmerzes, die der Ungerechtigkeit, die der Ignoranz, die der fehlenden religiösen Praxis, die des Denkens, die jeglichen Elends".[14]

Je mehr sie in diesem Sinne an die Peripherien ging, desto mehr hat sie sich zugleich im Zentrum verankert: in einer lebendigen Beziehung zu Jesus Christus, die sich im Gebet und durch die Sakramente der Kirche unaufhörlich erneuert und ernährt. Auf dieser Grundlage hat sie sich auf alles eingelassen, was ihr begegnete, und versucht, darin ihren Standort zu finden. Richtschnur dafür war ihr das Evangelium mit seinem Doppelgebot der Liebe. Mit diesem Kriterium der Unterscheidung hat sie ihre konkrete Praxis gestaltet: ob es um den Dialog mit Kommunisten und Kommunistinnen ging, um die Frage des sozial-politischen Engagements, um eine tragfähige Alltagsspiritualität, um die missionarischen Aufbrüche der Kirche vor Ort oder um die Berufung aller Getauften und Gefirmten.

In großer Klarheit und Konsequenz hat sie in alldem die Grundsituation der christlichen Existenz ausgetragen: ganz „in der Welt", ganz weltzugewandt zu sein, in voller Bereitschaft zu Dialog und Engagement – und andererseits eine

14 Kardinal Jorge Mario Bergoglio, Rede beim Vorkonklave, z. B. zu finden unter http://blog.radiovatikan.de/die-kirche-die-sich-um-sich-selber-dreht-theologischer-narzissmus/.

kritische Distanz zu bewahren, die bleibende Fremdheit des Glaubens, seine prophetische Funktion gegenüber den gottwidrigen und damit menschenfeindlichen Tendenzen in der Gesellschaft wachzuhalten. Einerseits aus ganzem Herzen auf das Gelingen menschlichen Lebens zu hoffen und sich leidenschaftlich für die Benachteiligten einzusetzen – andererseits zu wissen, dass es eine letzte Erfüllung der Hoffnung nur von Gott her gibt. Erst in dieser Spannung des christlichen Realismus erfüllte sich für sie der Auftrag zu einer Liebe, die nicht das Maß von Menschen, sondern das Maß Gottes, das Maß Jesu Christi hat.

Ein sichtbares Zeichen ihrer Bindung an Jesus Christus war ihre Einwurzelung in die Gemeinschaft der Kirche, die sie als einen Organismus verstand, in dem alle Glieder aufeinander verwiesen sind. Zusammen mit ihren Gefährtinnen bildete sie eine kleine Gemeinschaft, „die von einfacher, mitreißender und geschwisterlicher Liebe geprägt ist" (OC II 178). Sie war davon überzeugt, dass die Kirche vor Ort umso lebendiger und zukunftsträchtiger ist, je mehr es darin solche kleinen Zellen gibt: Gruppen und Gemeinschaften, die ihre Kraft aus dem Evangelium beziehen und dadurch in der Lage sind, großzügig und gastfreundlich allen Menschen gegenüber zu sein, denen sie begegnen.

Zwei Beispiele mögen zeigen, wie sehr dies von den Menschen in Ivry wahrgenommen und verstanden worden ist; sie verehren Madeleine Delbrêl längst als „Heilige der Armen".

Im Lauf der Jahre ist in Ivry eine neue Gemeinde entstanden, die vor allem aus Einwanderern aus südeuropäischen katholischen Ländern besteht. Für sie ist eine Kirche gebaut worden, die der heiligen Therese von Lisieux gewidmet ist. Nach und nach ist sie jedoch von den Menschen in eine Kirche „umgewandelt" worden, in denen neben Therese auch Madeleine Delbrêl verehrt wird. Die Kirchenfenster wurden in Anlehnung an Gedanken aus ihrem Buch „Der kleine Mönch" gestaltet; das Taufbecken stammt aus dem Haus der Gemeinschaft von Madeleine Delbrêl, der Kreuzweg aus Steinen, die dort im Garten gefunden wurden, und in der Sakramentskapelle steht neben einem Portrait der heiligen Therese ein ebenso großes Portrait von Madeleine Delbrêl.

Und ein zweites Beispiel: Der heutige Bürgermeister von Ivry, ein Enkel von Venise Gosnat (dem stellvertretenden Bürgermeister zur Zeit Madeleines) und wie dieser ein überzeugter Marxist, sagte mir vor einigen Jahren einmal in einem Interview: „Wenn die Kirche jemanden wie Madeleine Delbrêl seligsprechen würde, dann würde ich katholisch. Zu so einer Kirche möchte ich auch gehören!"

## Zu diesem Buch

Den Anstoß zu diesem Buch verdanke ich vor allem dem Austausch mit Menschen, mit denen ich im Rahmen von Vorträgen, Einkehrtagen und Exerzitien über Madeleine Delbrêl ins Gespräch gekommen bin. Immer wieder hat sich gezeigt, wie aktuell deren Impulse sind, auch wenn diese von ihrem zeitgeschichtlichen Kontext geprägt sind: vor allem vom Marxismus-Kommunismus, den sie in Ivry kennenlernte, und von den Aufbruchsbewegungen der französischen Kirche am Vorabend des Zweiten Vatikanischen Konzils.

Ihr selbst waren die Grenzen ihrer Erfahrungen stets bewusst. Zugleich hat sie gegen Ende ihres Lebens doch immer mehr geahnt, dass vieles von dem, was ihr in Ivry begegnet ist, von grundsätzlicher Bedeutung ist und über ihre persönlichen Erfahrungen und Schlussfolgerungen hinausweist. Trotz aller Differenzen zeigt sich deshalb „erst recht Delbrêls prophetischer Wille zur Zeitgenossenschaft als zukunftsweisend, der Wille zu einer zugleich konkreten und praktischen Alltagsspiritualität, zum zugleich mystischen wie politischen Engagement".[15]

Bereits vor vielen Jahrzehnten hat Madeleine die tief greifenden kirchlichen Umbrüche unserer Zeit gesehen und kreativ darauf reagiert. Ich halte sie deshalb für eine Prophetin, die dazu ermutigt, in all den Veränderungen die Umrisse einer neuen Gestalt von Kirche zu erkennen – und für diese Gestaltwerdung auf je eigene Weise Verantwortung zu übernehmen.

Madeleine hat keine systematische „Lehre" ihrer Gedanken verfasst. Ihre Schriften sind aus der Praxis entstanden und hatten meist einen konkreten Anlass. Es sind Vorträge, Reflexionen, Gebete, Briefe oder Meditationen für ihre Gemeinschaft. Das einzige Buch, das sie selbst veröffentlicht hat, ist „aus fliegenden Blättern" entstanden, „die mehr oder

15 Gotthard Fuchs, Die prophetisch priesterliche Frau. Madeleine Delbrêl: politisch, sozial, christlich, in: Christ in der Gegenwart Nr. 8/2017, 86.

weniger vollständig Beobachtungen, Recherchen, Befragungen oder Versuche einer Antwort zum Ausdruck gebracht" hatten (OC XI 46; AdC 42). Deshalb richtet sie im Vorwort eine Bitte an ihre Leser:

> „Es liegt mir sehr daran, dass diese Aufzeichnungen, wenn sie einmal gedruckt sind, auf ihre Weise lebendig bleiben: dass sie dazu einladen, etwas zu entdecken, und dass sie weiter wachsen können. Ich bitte die Leser, sie als das zu nehmen, was sie sind: ein Arbeitsinstrument. Ihre Arbeit vollzieht sich im Leben. Man könnte sie nicht daraus lösen, ohne ihnen Gewalt anzutun. ... Man möge diesen Aufzeichnungen den Charakter des noch Formbaren verzeihen, in einer Zeit, in der Strukturen, Planungen und Rahmen eine Art Beglaubigungsschreiben darstellen" (OC XI 47; AdC 43).

Dieser Bitte Madeleines kann ich mich nur anschließen. In den einzelnen Kapiteln habe ich versucht, mich dem prophetischen Zeugnis Madeleines aus verschiedenen Blickwinkeln anzunähern. Diese Kapitel hängen zwar eng miteinander zusammen (und Wiederholungen sind deshalb nicht immer zu vermeiden), doch sie können auch für sich gelesen und meditiert werden. „Meditiert" – denn ein je neues und je tieferes Eindringen, ein Mitdenken und Weiterdenken, ein Begreifen und Sich-ergreifen-Lassen sind Teil jenes „Arbeitsprozesses" im Sinne Madeleines.

Die Texte Madeleines habe ich zum größten Teil selbst übersetzt bzw. sprachlich überarbeitet, wenn sie bereits in deutscher Übersetzung vorlagen.

Einige markante Texte, die in Auszügen innerhalb der einzelnen Kapitel zitiert werden, stehen in voller Länge im Anhang.

Mein herzlicher Dank gilt Herrn Stefan Liesenfeld vom Verlag Neue Stadt, der dieses Buchprojekt vom allerersten Anfang an begleitet und mich darin ermutigt hat. Herzlich danke ich auch Monica von Ballestrem für viele inspirierende Gespräche, in denen sie mir immer wieder entscheidende Hinweise gab.

Besonders danken möchte ich an dieser Stelle Karl Kardinal Lehmann. Bereits 1980 hat er mich auf Madeleine Delbrêl aufmerksam gemacht und dazu angeregt, mich näher mit ihr zu befassen, weil er sie schon damals für eine der größten geistlichen Gestalten unserer Zeit hielt.

*Röderhof, Ostern 2017*
*Annette Schleinzer*

# Unsere Zeit als Zeit unseres Glaubens

## ALLES SCHWEIGT AUF DER GANZEN LINIE VON GOTT

„Wir können nicht außerhalb von Raum und Zeit aus dem Wort des Herrn heraushören, was er heute von uns will. Unser Beitrag besteht darin, heute, in der heutigen Welt und in der heutigen Zeit darauf zu lauschen, was der Herr seit jeher für heute von uns will, für die heute lebenden Menschen, für unseren heutigen Nächsten, und dafür zu beten, dass wir es sehen und begreifen" (OC XVII 274f.; GwL 89f.).

Für Madeleine ist dieses Hinhören, dieses Lauschen eine Grundvoraussetzung für jeden missionarischen Aufbruch. Für die heutige Zeit erschien es ihr sogar dringlicher denn je. Denn sie war davon überzeugt, dass wir einen tiefen Zeitenwandel durchleben, in der sich auch die Gestalt von Glauben und Kirche verändert. Und an „jedem Wendepunkt der Geschichte muss die Kirche wissen, wie das Neuland aussieht, für das sie Salz der Erde sein soll" (OC IX 109f.).

Diesem Neuland ist Madeleine in Ivry begegnet. Sie hatte „durch das tägliche Leben mit Männern und Frauen, mit meinen Mitbürgern, Nachbarn und Freunden, mit meinen Arbeitskameraden Kommunisten kennengelernt. Ich hatte sie lieben gelernt, jeden Einzelnen, als das, was sie waren" (OC XI 44; AdC 41). Darunter gab es überzeugte Aktivisten, aber auch eine große Zahl von Indifferenten, die im Zweifelsfall die Kommunisten wählten, weil sie ihre Interessen am ehesten dort vertreten sahen. So unterschiedlich die Menschen von ihrer Herkunft und ihren Prägungen auch waren: den meisten war gemeinsam, dass sie „ein Milieu bildeten, das für die offizielle Kirche undurchdringlich war ... Undurchdringlich auch deshalb, weil sie zufrieden waren, weil sie eine Doktrin und ein Ideal hatten, die ihrem Leben einen Sinn zu geben vermochten" (OC XII, 19). In der Geschichte der Kirche ist das eine ganz neue Situation: „Früher war ein gewisser Glaube nie ganz verschwunden; das ist jetzt anders" (OC XII 76).

> „Nicht nur scheint das Evangelium keine Neuigkeit mehr zu sein; es scheint vor allem keine *gute* Neuigkeit mehr sein zu können. Überall, wo die Mission ansetzen möchte, stößt sie auf dasselbe Echo: ‚Der Glaube? Kein Bedarf ...' In unserer Welt gibt es immer neue und immer mehr Bedürfnisse, aber die Schätze des Evangeliums haben keinen Marktwert; sie sind außer Kurs, weil niemand danach verlangt. Sie sind ein wenig wie die Rückstände einer Erbschaft, die altmodisch geworden sind, die nur belasten würden und zu nichts nütze sind und die man

> deshalb dem Altwarenhändler überlässt, damit er sie entrümpelt.
> Die wahren Reichtümer des Evangeliums vermisst niemand; man weiß gar nicht, dass es sie gibt. Das, was man nicht kennt, kann man sich auch nicht wünschen.
> Die Welt erweist sich uns gegenüber als ausreichend. Sie genügt den Menschen, die sie gestalten. Da gibt es keinen Platz für etwas, was nicht aus ihr stammt …
> Es gibt eine geistige Taubheit gegenüber dem, was wir sagen möchten; nicht nur für das Übernatürliche, sondern für alles, was sich im Menschen nicht mit der Welt allein begnügt" (OC VIII 187; NK 172).

Da Madeleines Umfeld vorwiegend kommunistisch geprägt war, war es zunächst vor allem der kämpferische Atheismus, mit dem sie sich auseinandergesetzt hat. Sie ahnte aber, dass diese Phase der aggressiven Leugnung Gottes ihre längste Zeit schon gehabt hatte – ebenso wie der Kommunismus, der sich für sie Anfang der Sechzigerjahre des letzten Jahrhunderts „bereits überholt hat. Er trägt zwar noch neue Siege davon, und zweifellos hat er den letzten noch nicht errungen. Doch sein Keim, seine Lehre, seine Inspiration sind von gestern" (OC VIII 119f.; NK 233).

Glaube und Kirche sind inzwischen tatsächlich für viele Menschen so weit weg von ihrem alltäglichen Leben, dass sie gar keinen Grund mehr sehen, sich dagegen aufzulehnen. Madeleine hat dies sehr hellsichtig gesehen:

> „Lautlos naht der Kirche eine Grundgefahr: die Gefahr einer Zeit, einer Welt, in der Gott nicht mehr geleugnet, nicht mehr verfolgt, sondern ausgeschlossen, in der er undenkbar sein wird; einer Welt, in der wir seinen Namen herausschreien möchten, es aber nicht können, weil uns kein Platz bleibt, wo wir unsere Füße hinstellen könnten" (OC VIII 119f.; NK 233).

Diese Situation ist die eigentliche Herausforderung für den christlichen Glauben. Denn der „klassische Atheismus" (wie er unlängst wieder eine Neuauflage durch Richard Dawkins und andere erfahren hat) hält die Erinnerung an Gott gerade dadurch wach, dass er ihn bekämpft. Das gibt der Theologie und der Kirche immer wieder die Möglichkeit, darauf zu reagieren. Wenn Gott aber für eine große Zahl von Menschen überhaupt kein Thema mehr ist, fehlt das Gegenüber, mit dem man sich auseinandersetzen könnte. Es fehlen auch die Ansatzpunkte, an die man anknüpfen könnte.

> „In breitesten Kreisen des Volkes trifft man weder in der Kulturgeschichte noch in der Kunst- und Philosophiegeschichte auf das Faktum des Glaubens. Die Kinder aus atheistischen Familien begegnen dem Glauben als Faktum nur, wenn sie höhere Schulen besuchen. In den Volksschulen werden unsere Kinder ihm nie begegnen. Schlimmer noch: Lehrpläne können zwar auch religiöse Ereignisse berücksichtigen; der Geist des Kindes aber dringt nicht hinter ihre Schale; ihr Motiv ist seinem Denken so fremd, dass es ihm nicht fassbar wird" (OC XI 109; AdC 100).

Madeleine berichtet z. B. von einem jungen Mädchen, das seinen Schulabschluss als Jahrgangsbeste von ganz Ivry bestanden hat: „Sie hatte keine Ahnung, dass es ein jüdisches Volk gegeben hat und was das Wort ‚Messias' bedeutet, und sie stellte verwundert fest, dass unsere Zeitrechnung christlich ist" (OC XII 16).

Viele scheinen nicht nur Gott vergessen zu haben: Sie haben sogar „vergessen, dass sie Gott vergessen haben", wie Karl Rahner einmal sagte. Für einen großen Teil der Menschen im Osten Deutschlands trifft das zu. Ganz ähnlich hat es auch Madeleine erlebt: „Die Menschen wissen nicht einmal mehr, dass da eine Leere ist" (OC VIII 106).

> „Die neuen Häuser in der Stadt, zum Bersten voll ...; das Rathaus, das mit seinen Aktivitäten, Einrichtungen und Veränderungen in immer neuen Wandlungen erscheint; die Kindergärten, Grund- und Berufsschulen; das Arbeitsamt, die Parkanlagen und Sportstadien: alles schweigt auf der ganzen Linie von Gott, und zwar so total, dass ich mich dabei ertappe, die Passanten anzuschauen, ob nicht wenigstens eine Spur von Staunen bei ihnen zu entdecken sei. Doch die Leute, an denen ich vorübergehe, sind nicht erstaunt ..." (OC XI 150; AdC 140f.).

Diese „Gottvergessenheit" findet sich auch in volkskirchlich geprägten Regionen des deutschsprachigen Raums (und auch darüber hinaus). Es gibt zunehmend Menschen, die kaum einen Bezug zur Kirche haben, auch wenn sie getauft sind. Wer z. B. in Bayern schulischen Religionsunterricht erteilt, kann bei Schülerinnen und Schülern oft nicht mehr an ein religiöses Basiswissen anknüpfen, wie es vor einigen Jahrzehnten selbstverständlich war. Viele beziehen ihre Vorstellung über das kirchliche Leben vor allem aus den Medien – und entsprechend verkürzt und einseitig ist dann dieses Bild.

## Der Glaube ist in der Zeit und für die Zeit

Wenn Christen diese vielgestaltige Wirklichkeit an sich heranlassen, gibt es verschiedene Reaktionen darauf. Manche haben sich innerlich längst selbst von der Kirche verabschiedet, auch wenn sie ihr formell noch angehören. Sie finden in ihr keinen Zugang zu Gott und damit auch keine Hilfe für ihre alltägliche Lebensbewältigung. Vieles an der Kirche erscheint ihnen unzeitgemäß, sodass es in ihren Augen nur folgerichtig ist, dass immer mehr Menschen ihr den Rücken kehren.

Wer sich hingegen in der Kirche beheimatet fühlt, ist von den Entwicklungen noch einmal ganz anders betroffen. Nicht wenige sind angesichts der schwindenden Mitgliederzahlen wie gelähmt und „sehen schwarz“ für die Zukunft. Andere lassen sich von Werbefachleuten beraten und versuchen, möglichst attraktiv zu werden. Manche erheben sich über die scheinbar „Abtrünnigen“ oder „Gottlosen“, denen sie sich moralisch überlegen fühlen.

Wieder andere ziehen sich auf das binnenkirchliche Leben zurück und versuchen, auf diese Weise den Glauben zu bewahren. Oft wird die Situation mit dem Wörtchen „noch“ beschrieben: „Noch gehen bei uns so und so viele Kinder zur Erstkommunion“; „Noch haben wir genügend Priester“ usw. Dieses „noch“ weist aber darauf hin, dass man sich kaum eine andere Gestalt von Glauben und Kirche vorstellen kann als die, die man lieb gewonnen hat. Dass sich diese Gestalt nun offensichtlich ändert, kann Angst und Trauer auslösen und nicht selten den Reflex, nach Schuldigen zu suchen.

Und dann gibt es im ganzen Volk Gottes aber auch diejenigen, die sich voll Zuversicht der Herausforderung stellen und nach Möglichkeiten suchen, kreativ im Sinne des Evangeliums darauf zu reagieren. Damals wie heute sind es nicht wenige, die sich auf den ureigenen Auftrag von Kirche besinnen, „Sakrament des Heils“ in dieser Welt zu sein und sich die „Freude und Hoffnung, Trauer und Angst“[16] der Menschen zu eigen zu machen.

Madeleine gehört zu ihnen. Sie hat keinen Anlass gesehen, angesichts der Bedingungen unserer Zeit zu resignieren. Jede Zeit ist für sie Heilszeit – ja, aus der Sicht des Glaubens kann es weder eine gott-ferne noch eine gott-lose Zeit geben. „Die Verheißungen Gottes sind unerschütterlich, und sie gelten jederzeit für die, die auf sie hoffen, ja für einen einzigen, der darauf hoffen würde, und seien die Katastrophen noch so groß“ (IA 69; LU 63). Deshalb beklagt sie auch den Mangel an Hoffnung, den sie bei vielen Gläubigen feststellt, Laien wie Priestern. Dieser Mangel an Hoffnung führt zu

16 Vgl. Pastoralkonstitution über die Kirche in der Welt von heute, *Gaudium et spes*, 1.

einem „grauen Pragmatismus des kirchlichen Alltags", in dem es etliche „unzufriedene und ernüchterte Pessimisten mit düsterem Gesicht" gibt, wie Papst Franziskus schreibt (EG 83.85).

> „Unser großer Schmerz ist es, dass wir dich ohne Freude lieben, o du, von dem wir ‚glauben', dass du unser Jubel bist. Unser großer Schmerz ist es, dass wir deine schöne Musik so freudlos spielen, ... dass wir zwischen den Menschen hindurchgehn wie schwerbeladene, ernste, überanstrengte Leute" (OC III 51; GwL 119).

Dies entstellt für Madeleine das Gesicht der Kirche. Deshalb ist es notwendig, „dass die Hoffnung eine neue Schubkraft bekommt" (OC XII 92), indem man sich auf die Dynamik des Geistes Gottes einlässt, der in jeder Zeit und unter allen Bedingungen am Werk ist. Es ist an uns, dieses Wirken des Geistes Gottes zu erkennen. Dann liegt es auch „in unserer Verantwortung, einen neuen Einklang zwischen den Menschen und dem Glauben zu suchen und zu finden, und dabei auch den Mut zu haben, anderen und uns selbst als eigenartige Fremdkörper zu erscheinen" (OC XI 119; AdC 110).

Dazu ist für Madeleine eine immer neue „Übersetzungsarbeit" erforderlich: die Bereitschaft, sich sowohl auf das Denken und Fühlen heutiger Menschen als auch auf die Grundsubstanz des christlichen Glaubens so einzulassen, dass er als eine Wirklichkeit bezeugt werden kann, die das Leben deuten und bewältigen hilft.

Madeleine selbst hat diesen „Realismus des Glaubens" in einer kleinen Gemeinschaft von Frauen gelebt, die versuchte, als „kleine Zelle von Kirche" die Liebe Jesu Christi sichtbar und fühlbar werden zu lassen.

*„Der Schallraum,*
*den das Wort des Herrn von uns fordert,*
*ist unser ‚Heute':*
*die Umstände unseres Alltags*
*und die Bedürfnisse unseres Nächsten;*
*die Ereignisse und Forderungen des Evangeliums,*
*die von uns stets dieselben Antworten verlangen,*
*aber in einer täglich erneuerten Gestalt."*

OC XVII 274; GwL 89f.

# Eine Kirche im Aufbruch

## Die normale Auswirkung eines normalen christlichen Lebens

Madeleine kam zu der grundlegenden Erkenntnis: Der „Normalzustand“ von Kirche ist es, eine „Kirche im Aufbruch“ zu sein.

> „Das ewige Leben, das uns geschenkt wurde, damit es die Welt durchwohnt: wir werden es verraten, wenn wir uns im Bleibenden verankern wollen, wenn wir uns von ihm nicht in diese Zeit versetzen lassen wollen, die unsere Zeit ist“ (OC VIII 120; NK 233).

In früheren Zeiten lebten Christen in Mitteleuropa weitgehend unter sich. In den Familien, durch die pfarreiliche Katechese und durch den Religionsunterricht wurde der Glaube von einer Generation zur anderen weitergetragen. Es gab keine Notwendigkeit, ein missionarisches Bewusstsein gegenüber dem eigenen Umfeld zu entwickeln.

> „Den apostolischen Einsatz kannten wir praktisch nicht, den normalen Einsatz eines christlichen Lebens angesichts seiner ungläubigen Nächsten. Wir lebten ein christliches Leben, aber ein unter Christen gelebtes christliches Leben. Darin wurden wir erzogen; daraufhin ausgebildet. Jetzt gilt es, uns zu wandeln ...“ (OC X 190; GwL 97).

Jetzt gilt es, unseren Horizont zu erweitern und aus einer vertraut gewordenen Gestalt von Kirche aufzubrechen zu einer Gestalt, wie sie eigentlich „für die Berufung zum Christsein konstitutiv ist“ (OC X 190; GwL 97).

> „Das Evangelium zu verkünden wird uns gezeigt als normale Reaktion unseres Organismus auf die Entchristlichung; als Gebrauch einer Lebensfunktion, als Erfüllung einer Aufgabe, für die wir von unserer Konstitution her geeignet sind. Evangelisierung ist kein Zeitvertreib. Sie ist Frucht eines Lebens, normale Auswirkung eines normalen Lebens. Unser ganzes Sein ist da eingefordert, so wie es den ganzen Baum braucht, um eine Blüte hervorzubringen“ (OC VIII 230; GwL 102).
> Denn „wenn wir das ewige Leben nicht weitergeben, wird es niemand an unserer Stelle tun. Hierin besteht das Fundament unserer christlichen Berufung“ (IA 25; LU 24).

Diese missionarische Berufung ist somit keine „Zutat“ zum „normalen“ christlichen Leben. Sie ist auch nicht die besondere Berufung derer, die „in die Missionen“ gehen, wie man früher sagte. Heutzutage wachsen „die Missionen“ den

Bistümern, den Pfarreien und den verschiedenen christlichen Gemeinschaften von außen zu (vgl. OC X 169; NK 165). Ja, sie sind längst „Missionsgebiete" geworden.

> „Man sagt uns, dass es in der Kirche Missionare gibt. Jedes Jahr werden wir dazu aufgerufen, für sie zu beten, mit ihnen solidarisch zu sein und für sie zu spenden.
> Wir wissen, dass sie mit dem Schiff aus Bordeaux, Marseille oder Le Havre aufbrechen, um zu den Völkern zu gelangen, denen sie das Evangelium verkünden sollen.
> Wir glauben, dass sie fortgehen und dass wir hier bleiben müssen. Dass sie einen Ruf haben und wir nicht ... Doch wir haben nicht das Recht zu wählen, ob wir nun gehen oder bleiben. Denn wir sind in die immerwährende Mission der Kirche eingefügt" (OC VII 56f.).

## Unerhört wirksame Zellen im Leib Christi, der Kirche

Die immerwährende Mission der Kirche: das ist das Leben Gottes, das nach außen drängt, überall dorthin, wo es gebraucht wird; wo Menschen an Leib und Seele Not leiden, wo ihnen Unrecht geschieht, wo sie ohne Hoffnung und ohne Zukunft sind. Es strömt aus Christus, und es will durch uns hindurch zu den Menschen fließen.

> „Diese Liebe ist wie ein lebendiger Drang zu allen Enden der Erde hin, im geografischen wie im sozialen Sinn. Diese Liebe ist wie ein innerer Drang zu allem hin, was sich

> durch Irrtum und Sünde vereinzelt hat. Diese Liebe ist wie ein Drang, all diejenigen wiederzufinden, denen Christus sich als Erster entgegengeworfen hat: die Kleinen, die Leidenden, die Armen“ (OC X 39; NK 123).

Diesen ihren Auftrag kann die Kirche aber nur erfüllen, wenn alle Getauften erkennen, wie sehr sie selbst Kirche *sind.*

> „Sie [die Kirche] muss für die Welt sichtbar sein, und jeder muss dazu beitragen, dass ihr Gewand verrät, wer sie ist. Aber wenn sie sichtbar sein soll, dann muss sie zuallererst *sein,* und sie *ist* durch jeden von uns“ (OC IX 47; NK 187).

Alle sind in diesen Leib der Kirche als lebendige Zellen eingefügt, und jeder und jede hat darin eine unersetzliche Aufgabe. „Unsere Initiative, unsere Verantwortung, unsere Funktion sind beachtlich ... Eine einzige Zelle kann den ganzen Organismus anstecken; eine einzige Zelle kann ihm auch die rettende Kraft vermitteln“ (OC X 34; NK 119).

Madeleine ist realistisch genug zu sehen, wie sehr die Kirche immer auch „eine Gemeinschaft von Sündern“ ist, weil sie aus Menschen besteht, „die eben Menschen bleiben“. In jeder und jedem von ihnen „gibt es Selbstzufriedenheit, Kompromisse und Kompliziertheiten. In allen fordert die ‚Welt‘ mehr oder weniger, manchmal oder öfter, unmerklich oder überdeutlich ihr Recht und hinterlässt ihre Spuren“ (OC IX 45). Es liegt Madeleine aber sehr daran, die Kirche nicht auf diese menschliche Erscheinungsweise zu reduzieren, auch wenn sie selbst immer wieder darunter gelitten hat:

> „Der tiefste Grund für das Geheimnis der Kirche ist das Geheimnis der Liebe Jesu Christi für uns. Die Kirche als Ganze ist Gabe Christi. Alle Funktionen der Kirche sind Erscheinungsweisen dieser Liebe, dieser Gabe. Und wenn wir uns von Jesus so wenig lieben lassen und seine Liebe so wenig weitergeben, dann deshalb – so glaube ich –, weil wir nicht in der Ordnung der Liebe verankert sind" (OC IX 24f.).

Es braucht deshalb eine immer neue Umkehr zum Ursprung der Kirche, um zu erkennen, was ihr Auftrag ist und in welcher Gestalt er jeweils verwirklicht werden kann.

> „Ja, wir fangen wieder bei den Aposteln an; ja, es ist ihr Blut, das in uns fließt ..., und deshalb müssen wir wie sie zur Welt hin ausgespannt leben" (OC IX 33).

Aus diesem Ursprungsimpuls heraus lassen sich auch die Geister unterscheiden. Denn es gibt „zwei Kirchenbilder", wie Papst Franziskus bei seiner Rede im Vorkonklave sagte: „Die verkündende Kirche, die aus sich selbst hinausgeht, die das ‚Wort Gottes ehrfürchtig vernimmt und getreu verkündet', und die verweltlichte Kirche, die in sich, von sich und für sich lebt"[17], anstatt sich immer wieder zu erneuern und ihre Gestalt zu verändern.

---

17 Kardinal Jorge Mario Bergoglio, Rede beim Vorkonklave, a. a. O.

Christen und Christinnen haben den Auftrag, so Madeleine, „geladen [zu sein] wie eine elektrische Batterie: geladen mit Leben. Dieses Leben ist ihnen von Gott für die Welt geschenkt. Es ist eine Gabe an die Welt durch sie hindurch" (LU 22, IA 23).

## Eine Berufung für Gott unter den Menschen

Damit ist auch die Spur für ein Verständnis von „Mission" gelegt, das sich deutlich von dem unterscheidet, was dieses Wort spontan oft auslöst: Vereinnahmung oder Indoktrination.[18]

Für Madeleine ist klar: Mission und Freiheit gehören zusammen. Den Glauben vorschlagen heißt nicht, andere zu etwas zu überreden. Es heißt, das Leben Gottes mitzuteilen. Das setzt aber voraus, dass man sich selbst diesem Leben öffnet.

> „Missionar sein kann man nur, wenn man dem Wort Gottes, dem Evangelium, in sich selbst einen offenen, weiten, herzlichen Empfang bereitet hat. Der lebendige Drang dieses Wortes geht dahin, Fleisch zu werden, Fleisch zu werden in uns. Und wenn wir so von ihm bewohnt sind, dann sind wir geeignet, Missionare zu werden ... Diese Menschwerdung des Wortes Gottes in uns, diese Einwilligung, uns von ihm ‚modellieren' zu lassen, das nennen wir Zeugnis geben" (OC VII 89f. NK 56f.).

18 Vgl. Einleitung S. 19ff.

Im Kontakt mit Menschen, in deren Leben Gott keine Rolle spielt, wird uns bewusst, was für ein ungeheures Geschenk es ist, dass Gott in dieser Weise in uns „wohnen" will. Was für ein kostbarer Schatz der Glaube ist, den wir „umsonst" bekommen, ohne ihn uns „verdient" zu haben.

> „Wir kommen nicht, um großmütig etwas mitzuteilen, was uns gehören würde: nämlich Gott. Wir kommen nicht als Gerechte unter Sünder, als Leute, die ein Diplom erlangt haben, unter Ungebildete. Wir kommen, um von einem gemeinsamen Vater zu reden, den die einen kennen, die anderen nicht; als Leute, denen vergeben worden ist, nicht als Unschuldige; als Menschen, die das Glück hatten, zum Glauben gerufen worden zu sein, ihn zu empfangen. Ihn freilich als ein kostbares Gut zu empfangen, das uns nicht allein gehört, sondern in uns für die Welt hinterlegt wird" (OC VIII 150f.; NK 253).

Aus eigener Erfahrung weiß Madeleine, wie sich das Leben anfühlen kann, wenn es nicht mit Gott in Verbindung gebracht wird:

> „Der Gläubige kann sich nicht vorstellen – und er denkt nicht mal daran, es sich vorzustellen –, von welchen Ängsten der heutige Mensch in wahnsinnigen Steigerungen befallen wird, wenn er sie nicht mit einer allmächtigen Weisheit in Zusammenhang bringen kann. Die Angst drückt sich selten in Worten aus. Wenn man sich jedoch bewusst macht, dass sie auch so manche gläubige

> Christen aus dem Gleichgewicht bringen kann, dann vermag ein wenig Nachdenken und viel Liebe erahnen lassen, was in dem Schweigen mitschwingt, das ein Mensch, der nicht an Gott glaubt, sogar sich selbst gegenüber verborgen hält …
> Der Gläubige, ist, auch wenn sein Glaube schwach ist, nie ganz allein, nie ganz ohne Zuflucht. Der Ungläubige kennt die Einsamkeit im Reinzustand, eine geradezu unmenschliche Einsamkeit. Er ist der Beziehung beraubt, die am allerwesentlichsten zu ihm gehört … Alles, was Gott entrissen ist, ist dann dem Tod geweiht. Was immer man liebt, man liebt etwas, das sterben muss. Das Leben wird zur Vollendung des Todes. Alles ist vom Nichts und von der Absurdität überflutet.
> Wenn wir diesen Unheilszustand bei einem Menschen, der nicht an Gott glaubt, realisieren: wagen wir es dann noch, aus dem, was er sagt, was er tut, was er sucht, zu schließen, dass die frohe Botschaft des Evangeliums für ihn überflüssig sei? … Oder müsste der lebendige Gott des Evangeliums uns nicht unerträglich sengen, solange wir seinen Namen nicht laut unter denen ausrufen, die verzweifelt sind, ohne es zu wissen? Wenn sie sich umdrehen, weil sie uns Gott rufen hören, dann wäre das für sie der Anfang der einzigen *guten* Nachricht“ (OC IX 203; NK 173f.).

Gott zu bezeugen aus Liebe zu denen, die ihn nicht kennen, das ist für Madeleine das eine ihrer missionarischen Motive. Weit entfernt von einer vordergründigen „Mitgliederwerbung" möchte sie Menschen, „die ohne Hoffnung sind, dass Gott lebt, ohne Hoffnung, dass Gott liebt, ohne Hoffnung, dass Gott Gott ist" (OC XI 37; AdC 35), von dem unvergleichlichen Glück erzählen, das Gottes Existenz für sie selbst bedeutet. Leidenschaftlich ist sie daran interessiert, dass die Menschen seine heilende und befreiende Liebe erfahren, für die Jesus Christus in die Welt gekommen ist. Sein Werk fortzusetzen, dafür sind Christen da; das ist ihre ureigene Aufgabe.

> „Es geht also nicht darum, dass wir uns irgendwohin davonmachen, das Herz beschwert von der Not der anderen; wir müssen vielmehr bei ihnen bleiben, mit Gott zwischen ihnen und uns" (OC XI 195; AdC 183).

Untrennbar davon ist ein weiteres Motiv, das für Madeleine im Grunde immer das erste ist: Gott zu bezeugen aus Liebe zu ihm, um ihm die Ehre zu geben: „Die Verherrlichung Gottes [ist] schließlich das höchste Motiv jeder missionarischen Bemühung" (OC XI 44; AdC 41).[19]

Je mehr Gott für das Leben vieler Menschen überflüssig geworden ist, desto mehr fühlt sich Madeleine dazu herausgefordert, ihn sichtbar und hörbar werden zu lassen. Da, wo er angeklagt, verachtet und geleugnet wird, da, wo er für ‚tot' erklärt wird, und da, wo „alles auf der ganzen Linie von ihm schweigt": da will sie ihm vor aller Augen den Vorzug geben, um seinetwillen, um der Liebe willen, mit der er geliebt wer-

19 Vgl. dazu ausführlich Dorothee Steiof, Verherrlichung Gottes. Madeleine Delbrêl und alttestamentliche Texte, Stuttgart 2013.

den will. Diese Verherrlichung Gottes ist keine „Konkurrenz" zur Nächstenliebe, im Gegenteil: „Die Ehre Gottes ist der lebendige Mensch", wie der Kirchenvater Irenäus von Lyon schreibt.[20]

> So wird „die Provokation des Marxismus in der Begegnung mit Christen ... zur einfachsten und größten menschlichen Berufung: der Berufung für Gott, der Berufung zu Gott hin, der Berufung des glaubenden Menschen, sich selbst und alles, was existiert, an Gott zu binden" (OC XI 152; AdC 142).

Es geht dann nicht nur um Glaubens*inhalte*. Gewiss, diese können – je nach Situation – unverzichtbar werden, doch vor allem geht es um *Begegnungen*, wie Madeleine im Vorwort ihres Buches „Ville marxiste" schreibt:

> „Ich schreibe BEGEGNUNG groß und im Singular. Diese Arbeit ist vor allem durch Begegnungen inspiriert worden. Oder vielmehr durch eine Initialbegegnung, aus der sich die folgenden ergaben. Dies war meine Begegnung mit Christus, dem Herrn" (OC XI 43f.; AdC 40f.).

Aus dieser Erfahrung heraus geht es Madeleine darum, mit Menschen so in Kontakt zu sein, dass sie mit dem Geheimnis Gottes in Berührung kommen, dass etwas von seiner Lebensdynamik überfließen und das Herz des anderen Menschen erreichen kann. Madeleine ist davon überzeugt, dass dies den „Pegelstand des Glücks" verändert (OC VIII 126).

---

20 Irenaeus, Adv. haer. IV, 20,7.

Denn es eröffnet die Ahnung einer Antwort auf die tieferen Fragen des Lebens: Woher komme ich? Wohin gehe ich? Was ist meine Bestimmung?

Begegnungen, in denen eine solche Ebene angerührt wird, setzen jedoch einiges voraus. Sie setzen vor allem voraus, dass die beiden Gebote der Liebe „den absoluten Vorrang" in uns haben (OC XI 196; AdC 184).

> „Wenn so die Liebe Gottes in uns frei wird, weil wir uns ganz und gar ihr ausliefern, dann ist Gott nicht nur gegenwärtig, sondern auch offenbar; etwas von ihm wird den Menschen sichtbar, uns selbst und den anderen" (OC XI 196; AdC 184).

## Ohne Pläne, Taktiken und Methoden

Nur so wird das Evangelium zu einer „guten Nachricht", die das Leben verändern kann. Ohne diese Liebe mag es gut durchdachte Konzepte geben, doch „unser Glaube würde auf seelenlose und das Evangelium auf blutleere Weise vermittelt werden" (OC XII 72).

Aus diesem Grund ist Madeleine zeitlebens skeptisch gegenüber pastoralen Strategien. An keiner Stelle spricht sie über bestimmte Methoden der Evangelisierung. „Missionarisch zu sein heißt nicht, für diese oder jene Idee zu werben, und sei es eine christliche" (OC VII 176).

> „Es gilt, Taktiken zu vermeiden. Auf der persönlichen Ebene, indem man Sympathie und Popularität gewinnen möchte. Christus wendet keine Werbestrategie an; er ver-

kündet die Frohe Botschaft. Auf der unpersönlichen Ebene, indem man versucht, die Kirche in einem guten Licht darzustellen und auf ihre Vorteile hinzuweisen. Die Kirche quillt aus dem Leben Christi hervor und nicht aus Plänen …“ (OC XII 26).

Wie sehr dies zutrifft, zeigt die erstaunlich rasche Ausbreitung des Christentums in der antiken Welt. „Ausgegangen von einigen kleinen Dörfchen im nördlichen Palästina, begründet von einem Bauarbeiter ohne jede theologische Ausbildung, erstarkt im Laufe von nur einer Generation zu einer städtisch geprägten Religion … mit großer gesellschaftsgestaltender Kraft … Fast noch erstaunlicher wirkt, dass dieser Siegeszug ohne alle Planungsstrategie, ohne Institutionen und ohne speziell ausgebildetes Personal vonstatten ging. Die Kirche wirkte … durch ihr bloßes Dasein. Es war ein Prozess aus sich selbst heraus, aus innerer Sendung: ‚Geht zu allen Völkern‘ (Mt 28,19).“[21]

Diese „innere Sendung“ ist es, die Madeleine ihren christlichen Schwestern und Brüdern immer wieder ans Herz legt. Anstatt sich in immer neuen Strategiediskussionen zu verlieren, drängt sie darauf, eine „Tiefenbohrung“ zu machen, um zur Quelle des Glaubens vorzudringen. Wer dann mit dieser Quelle in Kontakt gekommen ist, wird zu einer „Übergangsstelle der Gnade“ für andere (vgl. OC XIII 176; FG 21).

---

21 Arnold Angenendt, Mission im Frühmittelalter, 99.

> „Unsere eigentliche Aufgabe – die für jede von uns noch einmal ihre eigene Ausprägung haben kann – besteht im Endeffekt darin, uns mit Leib und Seele der Liebe Christi auszuliefern. Die Welt braucht nichts anderes als solche winzigen Zellen der Liebe, von ausschließlicher Liebe … Sich seiner Liebe auszuliefern, heißt Gott zur Welt zu bringen, ihn dahin zu bringen, wo man ist: in seine Gruppe, in seine Stadt, in sein Land und in die Kirche. Das ist dann eine unglaubliche Quelle geistgewirkter Kraft, die alles, was geschieht, in unvorstellbarer Weise umkrempeln kann" (OC I 320).[22]

## Gott ist es, der den Glauben schenkt

Dies alles kann auch eine große Entlastung mit sich bringen. Man braucht nämlich nicht immer neu darüber nachzudenken, wie man andere „bekehren" kann. Das darf man getrost Gott überlassen, denn er ist es, der den Glauben schenkt.

> „Auch das müssen wir uns deutlich bewusst machen: Evangelisieren heißt nicht konvertieren. Den Glauben verkünden heißt nicht den Glauben schenken. Wir sind verantwortlich dafür, ob wir reden oder schweigen, wir sind aber nicht verantwortlich für die Wirksamkeit unserer Worte. Gott ist es, der den Glauben schenkt" (OC VIII 215; NK 211).

22 Vgl. unten S. 211.

Für Madeleine ist klar: In jedem Menschen gibt es einen inneren Bereich, in den man sich nicht einmischen darf. Es ist der Bereich, in dem sich der Mensch in aller Freiheit für Gott öffnet – oder sich ihm verweigert.

Diese Freiheit zu respektieren bedeutet aber nicht, mit seinem eigenen Glauben „hinter dem Berg zu halten". Im Gegenteil: Wenn „das Fehlen Gottes für die Menschen schlimmer als alles übrige Elend zusammen [ist]", so Madeleine in einem Vortrag (OC XII 220), dann dürfen wir ihnen diesen Gott Jesu Christi nicht vorenthalten.

Es kommt freilich alles darauf an, in welcher Haltung wir das tun: weder besserwisserisch noch von oben herab, sondern auf Augenhöhe, in einer Haltung des Respekts vor dem, wie andere ihr Leben deuten und bewältigen.

Zu dieser Lebenshaltung gehört auch das Vertrauen darauf, dass Gott viel großzügiger ist, als wir uns vorstellen können. Er führt die Menschen auf Wege oder lässt sie Wege gehen, die uns geheimnisvoll-dunkel oder fremd erscheinen mögen: Menschen, die man zu kennen glaubte, treffen eine Entscheidung, die man kaum nachvollziehen kann; Kinder gehen einen ganz anderen Weg als ihre Eltern; Freunde und Freundinnen scheinen gut ohne Glauben und ohne Bezug zur Kirche auszukommen ...

Was auch immer wir erleben, wem auch immer wir begegnen: wir können den Glauben zwar vorschlagen, aber andere nicht dazu „bekehren". Es wäre sogar vermessen, das tun zu wollen. Doch wir haben immer die Möglichkeit, andere Menschen so zu lieben, dass wir Gott dadurch einen freien Durchgang zu ihnen eröffnen. Und dann kann Gott damit machen, was er will, und die Menschen dahin führen, wohin er sie führen möchte. Die Kirche, schreibt Papst Franziskus, muss die „unfassbare Freiheit des Wortes [Gottes] akzeptieren, das auf seine Weise und in sehr verschiedenen Formen wirksam ist, die gewöhnlich unsere Prognosen übertreffen und unsere Schablonen sprengen“ (EG 22).

Für Madeleine war der Horizont in diesem Sinne ganz weit. Sie selbst hat sich zwar mit großer innerer Überzeugung in der katholischen Kirche verankert, und es gibt auch Beispiele dafür, wie sie Menschen dabei begleitet hat, katholisch zu werden.[23] Doch sie hat nicht versucht, andere von vornherein auf diesen Weg festzulegen. Sie gab sie auf ihre ganz persönliche Geschichte mit Gott hin frei.

> „Wenn Pierre kein Christ ist, dann geht es mir nicht in erster Linie darum, dass er wie ich katholisch wird und der Kirche angehört. Was ich mir für ihn wünsche, ist, dass er den Gott des Evangeliums und dadurch auch seine eigene Bestimmung kennenlernt“ (OC XII 221).

Ganz ähnlich sah es auch Mutter Teresa, wie ihr langjähriger Begleiter Leo Maasburg anlässlich ihrer Heiligsprechung berichtet: „Mutter Teresa ist einmal gefragt worden: ‚Wollen Sie Menschen bekehren?‘ Sie: ‚Ja, aber nicht so, wie Sie meinen. Ich möchte Menschen näher zu Gott bringen. Wenn

23 Ein Beispiel ist die Geschichte von René Martineau. Er stammte aus einer kommunistisch geprägten Familie. Madeleine lernte ihn bereits 1934 kennen. Die Freundschaft zwischen Madeleine und seiner Familie brachte René dazu, sich taufen lassen zu wollen. Madeleine hat ihn sowohl darauf als auch später auf seine kirchliche Trauung vorbereitet. Bis zu seinem Tod im August 2016 blieb er innerlich mit ihr und ihrer Gemeinschaft verbunden.

sie näher zu Gott kommen, kann Gott mit ihnen machen, was er will.' Sie sagte auch: ,Am Anfang dachte ich, ich müsse die Menschen bekehren. Später dann erkannte ich: Ich muss sie nur lieben. Und die Liebe bekehrt, wen sie will.'"[24]

*„Wenn Menschen in unserer Stadt und in anderen Städten behaupten: ,Gott ist tot', wenn Christen, bewusst oder unbewusst, dafür verantwortlich sind, so bin auch ich, die ich heute lebe, dafür verantwortlich; denn die Christen aller Zeiten sind eins, und ich bin nicht die einzige lebende Christin. Die anderen und ich – was werden wir daraus machen? ... Wenn wir dafür verantwortlich sind, dass Menschen Gott verloren haben, dann haben wir vielleicht daran zu leiden; vor allem aber müssen wir ihnen Gott zurückgeben. Zwar können wir ihnen den Glauben nicht geben, können aber uns selbst geben. Im Glauben haben wir Gott gefunden; wir können ihn weitergeben, wenn wir uns selbst geben – und zwar hier in unserer Stadt. Es geht also nicht darum, dass wir uns irgendwohin davonmachen, das Herz beschwert von der Not der anderen; wir müssen vielmehr bei ihnen bleiben, mit Gott zwischen ihnen und uns."*

OC XI 194f. AdC 183

24 Radio Vatikan, 28.8.2016.

# Eine besonders günstige Bedingung für unsere Umkehr zum lebendigen Gott

## Was wir Glauben nennen: ist das wirklich der Glaube?

Madeleine war sich dessen bewusst, dass es nicht nur „die anderen" sind, die Gott vergessen haben. Auch wir Christen sind immer in der Gefahr, Gott zu vergessen bzw. ihn mit etwas zu verwechseln, was eher ein Bild oder eine Idee von ihm ist.

Gott wird dann z. B. auf eine Vorstellung von ihm reduziert, die vielleicht noch aus der Kindheit stammt, die den eigenen Bedürfnissen entspricht oder die unbewusst und unreflektiert von anderen übernommen wird. „Ja, es ist das beladenste aller Menschenworte", schreibt Martin Buber. „Keins ist so besudelt, so zerfetzt worden ... Die Geschlechter der Menschen haben die Last ihres geängstigten Lebens auf dieses Wort gewälzt und es zu Boden gedrückt; es liegt im Staub und trägt ihrer aller Last."[25]

In den vergangenen Jahrhunderten stellte man sich Gott oft als ein höchstes, allmächtiges Wesen vor, das der Welt

25 Martin Buber, Begegnung, 43.

gegenübersteht und sie regiert. Gott gehört dann einer wie auch immer zu denkenden „anderen“ Wirklichkeit an, die zur „normalen“ Wirklichkeit dazukommt.

Ein solches Gottesbild herrscht unterschwellig nach wie vor in der Öffentlichkeit der westlichen Welt vor und wird auch von den Medien bedient. Nicht selten schwingt es auch in Predigten mit, sodass – wie Karl Rahner einmal schrieb – die Worte des Predigers wie Vögel sind, „die erfroren vom Himmel taumeln“.[26] Sie können die Gläubigen nicht nähren und stärken – geschweige denn, dass sie diejenigen ansprechen, die sich von der Kirche distanziert haben.

Viele Menschen fühlen sich dadurch auch mit ihren Fragen und Zweifeln allein gelassen, wie der Chefredakteur einer renommierten Zeitschrift kürzlich bekannte: „Das größte Problem, das ich heute mit meiner Kirche habe, ist, dass sie mir nicht dabei hilft, zu glauben. Nur Menschen, die begnadet sein müssen, schaffen es als Erwachsene, weiter ungebrochen am Glauben festzuhalten. Die Regel sind doch eher der bohrende Zweifel und lange Phasen der Abgewandtheit, in denen man sich nicht mehr aufgehoben fühlt bei seinem Gott ... Ich wünschte mir, dass man mit den Zweifeln nicht allein gelassen wird. Aber es kommt mir manchmal so vor, als ob das die Frage ist, die Christen heute am meisten verdrängen: ‚Bist du eigentlich sicher, dass du glaubst?‘“[27] Ähnlich hat es auch Madeleine erlebt:

26 Zit. in: Elizabeth A. Johnson, Der lebendige Gott, 54.
27 Giovanni di Lorenzo, a. a. O., 51.

„Was wir glauben, interessiert die Leute, unter denen wir leben, meist nicht. Ihre Fragen – wenngleich sie stumm sind – sind für sie so existenziell und drängend wie die Fragen, die ihnen das Leben stellt: ‚Was bedeutet es zu glauben? Was heißt das für euch?' Wir merken dann bald, dass wir das selber nicht so genau wissen. Und kommen dann dahin, uns die Frage selbst zu stellen, die andere uns gestellt haben: Wozu ist der Glaube gut?
Und, falls wir der Frage nicht ausweichen, falls wir ihr ins Auge blicken, merken wir: Ganz unmerklich war der Glaube für uns eine Denkweise, eine Lebensanschauung, eine Art Innenschau geworden. Aber wir haben uns seiner nicht bedient, um zu handeln, um etwas zu verwirklichen. Der Glaube kam in uns nicht zur vollen Anwendung; da wir den zeitgenössischen Milieus viel näher stehen, als wir dachten, fühlten wir kein Bedürfnis, ihn anzuwenden. Wir haben dann nicht mehr so recht gesehen, wie der Glaube uns dabei helfen könnte, das zu tun, was zu tun war" (OC VIII 206f.; NK 205).

„Eine unserer schlimmsten Hilflosigkeiten zeigt sich [dann auch] darin, dass wir Gott der Welt als alten Mann vorstellen, der unruhig wird, wenn sich zukünftige Veränderungen abzeichnen, und der gerührt ist, wenn man Erinnerungen an die Vergangenheit wachruft" (OC XI 97).

Madeleine weist auf die Gefahr hin, den Glauben an den lebendigen Gott unmerklich mit einer bestimmten Lebensweise, einer Weltanschauung oder mit der Pflege von Traditionen gleichzusetzen. Was vor über fünfzig Jahren im

Umfeld Madeleines zu beobachten war, gilt vielfach wohl auch für heutige Gemeinden, Gemeinschaften und Gruppen in den mitteleuropäischen Bistümern:

> Es sind „Milieus entstanden, in denen Christen nur unter sich leben. In diesen – regionalen, familiären, beruflichen und freundschaftlichen – Milieus hat das christliche Leben im Lauf der Zeit eine bestimmte Gestalt angenommen und eine bestimmte Mentalität ausgeprägt. Meist waren dies lebendige Ausdrucksformen des Glaubens. Doch Schritt für Schritt sind daraus veraltete, überholte, um nicht zu sagen: anachronistische Formen geworden" (OC X 196f.).

> „Dann hängt man sich an besondere Moralvorstellungen, bekennt sich zu politischen Optionen und nimmt einen bestimmten Lebensstil an, was an sich ja ganz indifferente Gewohnheiten sind; all das betrachtet man aber als Verpflichtungen des christlichen Lebens, all das verwechselt man mit dem Glaubensleben. ... Die Glaubenserziehung wird nun vor allem eine Erziehung zum Kult, zu den Sakramenten, zu einer praktischen kirchlichen ‚Disziplin'. Und diese Bereiche sind dann nur noch unzureichend mit den ursprünglichen Säften des Glaubens an Gott getränkt. Alles nimmt Format und Wert des Menschlichen an" (OC VIII 122f.; NK 234f.).

Es ist dann aber kein Wunder, wenn sich Menschen innerhalb und außerhalb der Kirche davon nicht angesprochen fühlen. Sie können kaum erkennen, was das mit ihrem Leben zu tun hat und wozu der Glaube gut sein soll – und ihr Durst nach einer Spiritualität, die sie tragen und die sie heilen und befreien kann, wird nicht gestillt.

> „Wenn unser Glaube mit dem heutigen Leben unvereinbar ist, dann ist er nicht das, was er sein sollte, dann ist er nicht am Puls der Zeit. Unser Glaube müsste uns zu den besten Zeitgenossen aller Menschen machen“ (IA 24; LU 23).

Deshalb müssen Traditionen, die ganze Generationen geprägt und getragen haben, hinterfragt, verändert und gegebenenfalls auch gelassen werden, wenn sie das nicht mehr transportieren, wozu sie da sind: die stets unverbrauchte Neuheit Gottes zu vermitteln, der uns in Jesus Christus nahegekommen ist und im Heiligen Geist unter uns wirkt. Die Suche nach Gott und nach Ausdrucksformen des Glaubens muss immer wieder neu unternommen werden.

> „Wenn wir stattdessen versuchen, *einfach nur den Glauben zu bewahren, einfach nur Christen zu bleiben,* verkümmert unser Glaube meist, und meist bleiben wir gerade dann keine echten Christen mehr. Denn der Status quo scheint uns, von Nahem betrachtet, die tödlichste Einstellung zu sein – vielleicht, weil er in Bezug auf den Glauben sozusagen gegen die Natur ist“ (OC VIII 101).

„Gegen die Natur“ des Glaubens ist es auch, wenn die Kirche zu sehr mit sich selbst beschäftigt ist oder wenn sich das Leben vorwiegend auf den binnenkirchlichen Bereich konzentriert. Madeleine beklagt im Blick auf ihre eigene Pfarrei, dass sie „fast völlig von jedem nichtgläubigen Milieu abgeschnitten“ ist (OC II 175ff.).[28]

Auch eine solche – oft unbewusste – Selbstbezogenheit ist für Madeleine mit dafür verantwortlich, dass Menschen sich von der Kirche abwenden. In einem (fingierten) Brief an einen Atheisten schreibt sie:

> „Du sagst, die Christen waren nicht aufmerksam genug? Für mich trifft das zu, und ich nehme mir fest vor, mich zu bessern. Als du getan hast, was du konntest, um dich von Gott zu trennen, haben Christen dich allein gelassen. Ich fühle mich dafür verantwortlich, weil wir alle miteinander eine Einheit bilden. Du bist von Gott enttäuscht gewesen – und Gott ist es, den ich dir hätte zurückgeben müssen.
> Den Glauben kann ich – können wir – natürlich nicht schenken, das weißt du auch. Ich muss versuchen, dir Gott auf andere Weise nahezubringen. Es ist deine Sache, ob du an ihn glaubst oder nicht. Aber ich werde Gott für dich hüten“ (OC III 215f.).

28 Vgl. unten S. 93f.

## Sich der unvergleichlichen Bedeutung Gottes bewusst werden

Gott für andere „hüten", das ist nur möglich, wenn wir selbst „die vollständige Botschaft [wiederfinden], die wir *empfangen* haben und *weitergeben* müssen" (OC VIII 127f.; NK 238). Der Glaube muss „zu seinen Grundlagen zurückkehren. Man kann nicht länger Energie an das verschwenden, was peripher und nicht grundlegend ist. Menschen müssen zum Zentrum zurückkehren, zum Kern dessen, was allein nähren und das Herz im Winter wärmen kann".[29]

Dabei ist die Auseinandersetzung mit Menschen, für die Gott keine Rolle spielt, die sich von der Kirche entfernt haben oder die einer anderen Religion angehören, heilsam oder, wie Madeleine immer wieder schreibt: „eine besonders günstige Bedingung für unsere eigene Bekehrung". Man wird mit Fragen konfrontiert, auf die man antworten muss; man kommt deshalb nicht umhin, sich dessen bewusst zu werden, wer Gott für einen selbst ist – oder ob er im eigenen Herzen nicht unmerklich „ein Schattendasein führt" (OC XI; AdC 142).

> „Ich möchte Ihnen sagen, dass ich, obwohl ich ja schon konvertiert war, in einer ungläubigen Umgebung Bedingungen für eine weitere Konversion gefunden habe, für eine Konversion zu einem echteren, wahreren, gesünderen Glauben" (OC VIII 205; NK 204).

---

29 Elizabeth A. Johnson, a. a. O., 53.

Diese Umkehr versteht Madeleine nicht im Sinn von Bußübungen, sondern als die Entschiedenheit, Gott und sein Wirken größer zu denken, als unser Verstand und unsere Bedürfnisse es vorgeben, – und zugleich als die Bereitschaft, Gott in allem den Vorrang zu lassen.

> „Bekehrung ist ein entscheidender Augenblick, der uns abkehrt von dem, was wir über unser Leben gewusst haben, damit Gott uns von Angesicht zu Angesicht sagt, was er davon hält und daraus machen will. In diesem Augenblick wird Gott für uns zum Allerwichtigsten, wichtiger als alles andere, wichtiger als jedes Leben, selbst und vor allem das unsere. Ohne diesen höchsten, überwältigenden Vorrang des lebendigen Gottes, eines Gottes, der uns einfordert, der seinen Willen unserem Herzen vorstellt, damit es in aller Freiheit Ja oder Nein antworte, gibt es keinen lebendigen Glauben“ (OC X 219; NK 267f.).

Vor allem die Auseinandersetzung mit dem Marxismus hat Madeleine dazu geführt, sich geradezu „brutal der unvergleichlichen Bedeutung Gottes bewusst zu werden“ (OC XI 151f.; AdC 140).

> Sie sieht sich dadurch herausgefordert, „mit glühendem Eifer zu einem praktizierenden Glaubensleben zurückzukehren, diesen Glauben wieder als das zu nehmen, was er ist: die unerhörte Möglichkeit zu erkennen, dass Gott existiert, und Gott zu lieben, der uns liebt. Wir haben die Gelegenheit, es neu erfahren und laut bekennen zu können, dass Gott der Begleiter, der Ursprung und das Ziel

unseres Lebens ist. Wir akzeptieren es, klein und unbedeutend zu sein und eine Aufgabe zu haben, die uns übersteigt und schier erdrückt: Gott für uns und für alle verherrlichen zu dürfen" (OC XI 168; AdC 157).

## „Ich werde dich in die Wüste führen": Einsamkeit als Fülle der Gottesbegegnung

Im Leben Madeleines markiert die Erfahrung, dass Gott existiert, einen Wendepunkt; sie beschreibt sie als einen „Übergang vom Tod zum Leben" (vgl. OC VIII 189f.; NK 173), als ein „unvergleichliches Glück, das man psychologisch gesehen kaum mehr wählen kann, so eindeutig ist sein Vorrang" (OC XI 153; AdC 143).

Gott bleibt für sie dennoch immer auch dunkel; er „kann nicht in unserem Koordinatensystem gefunden werden, sondern entzieht sich aller Kategorisierung".[30]

> „Wenn die Begegnung mit Gott bedeutet, dass unser ganzes Sein von ihm überwältigt wird, so muss das, um völlig wahr zu sein, auch völlig dunkel sein. Den lebendigen Glauben haben heißt, von ihm geblendet zu sein, um von ihm gelenkt zu werden. Es fällt uns schwer, uns ihm, den man ‚das schwarze Licht' genannt hat, anzuvertrauen" (OC X 219; NK 268).

Gott ist jedem Zugriff entzogen. Doch gerade in dieser Unverfügbarkeit kann die Fülle seiner Gegenwart (vgl. OC XI 188;

30 Ebd., 63.

AdC 176) aufleuchten – um den Preis der Einsamkeit, die damit verbunden ist.

Einsamkeit hat für Madeleine viele Gesichter. Sie ist im Leben jedes Menschen gegenwärtig. Es gibt die vielen kleinen Momente im Alltag, in denen man allein ist, „während die Suppe aufkocht, während wir beim Telefon auf den freien Anschluss warten, während wir an einer Haltestelle nach dem Bus Ausschau halten, der nicht kommt, während wir eine Treppe hinaufsteigen, während wir im Garten ein paar Blätter Kerbel für den Salat holen“ (OC III 78; KM 91f.).

Die Einsamkeit ist aber auch die Zone in unserem Innern, wo wir spüren, dass es etwas gibt, das man mit kaum jemandem teilen kann. Wo wir allein „beim Namen gerufen sind“, wie letztlich im Augenblick unseres Todes.

All diese Einsamkeiten „sind nur relative Schritte auf die vollkommene Einsamkeit des Glaubens zu. Die wahre Einsamkeit liegt nicht in der Abwesenheit von Menschen, sondern in der Anwesenheit Gottes“ (OC VII 162; NK 62).

„Wissen, einmal im Leben nur, dass einzig du bist!  
Einmal nur begegnet sein  
– und dies vielleicht in einer wirklichen Wüste –  
dem Dornbusch, der brannte und doch nicht verbrannte;  
dem Dornbusch dessen,  
der in uns und für immer begründet hat  
die Einsamkeit“ (OC III 72f.; GwL 116).[31]

31 Vgl. den vollständigen Text im Anhang S. 218f.

Was Mose in der Steppe beim Gottesberg Horeb erfahren hat (vgl. Ex 3), erfahren Christen und Christinnen heute vielleicht in der Wüste einer Stadt, in der Wüste der Einsamkeit mitten unter den Menschen.

> „Einsamkeit der schwarzen Straße, die das Haus von der Metro trennt, Einsamkeit einer Sitzbank, auf der andere Wesen ihren Anteil am Weltgeschick tragen, Einsamkeit der langen unterirdischen Gänge, wo der unaufhörliche Strom all dieser Menschenleben einem neuen Tag entgegenfließt“ (OC VII 164; NK 63).

Solche Augenblicke der Einsamkeit können zu einer „einmaligen Landschaft“ werden, in der uns „Wesentliches offenbart“ wird, in der Gott „zu unserem Herzen spricht“ (OC VII 165; NK 63). Denn „die Einsamkeit wird immer eine Art Wüste sein, wenn sie echt ist, wenn sie die ist, von der der Herr gesagt hat: ‚Ich werde dich in die Wüste führen und dort zu deinem Herzen reden‘“ (IA 101; LU 92).

> „Deshalb haben die, die Gott lieben,
> schon immer eine Vorliebe für die Wüste gehabt,
> und deshalb kann Gott sie denen,
> die er liebt,
> nicht verweigern“ (OC III 76; KM 90).

Doch es braucht die Entschiedenheit, sich für Gott tatsächlich so bereitzuhalten, dass man sich durch nichts von ihm ablenken lässt, dass man ihm den Vorzug gibt, dass man den Schwerpunkt der eigenen Existenz auf ihn hin verlagert.

„Die Wüsten muss man sich erringen,
sie werden einem nicht geschenkt …
Das ist schwierig, aber wesentlich für unsere Liebe …
Denn wir sind so gebaut,
dass wir dich anderem nicht vorziehen können
ohne einen kleinen Kampf
und dass wir dich,
unseren Viel-Geliebten,
immer aufwiegen müssen
gegen all die Bagatellen,
die uns faszinieren und von denen wir besessen sind.“

(OC III 78; KM 92f.)

## Das Glück, von Jesus Christus zu wissen

Wenn wir uns in diesem Sinne von Gott in die Wüste locken lassen, kann uns die Erfahrung seiner überwältigenden Nähe geschenkt werden. „Im Herzen des christlichen Glaubens lebt die fast unglaubliche Vorstellung davon, dass das letztendlich unbegreifliche Heilige Mysterium Gottes nicht ewig fern ist, sondern sich in radikaler Nähe der Welt zuneigt.“[32]

Dreh- und Angelpunkt dafür ist Jesus Christus. In seinem Leben, in seinem Sterben und in seiner Auferstehung zeigt sich, wer Gott ist. Gott selbst hat sich unwiderruflich an die Gestalt Jesu Christi gebunden, und wer in das Kraftfeld göttlicher Liebe gerät, gerät damit auch in das Kraftfeld

---

32 Elizabeth A. Johnson, a. a. O., 67.

Jesu Christi (und umgekehrt) – in seine Bewegung der Liebe zu Gott und zu den Menschen. So ist es Madeleine widerfahren, und so sah sie immer mehr ihre Berufung darin, „Christi Worte, seine Gebärden, seine Räte zum heutigen Zeitpunkt in der Kirche [zu] leben“ (OC XIII 168; FG 14).

Die Gabe Gottes in Jesus Christus, seine liebende Präsenz setzt sich im Leben jedes einzelnen Menschen fort, ob es ihm oder ihr bewusst ist oder nicht. „Sie kommt immer dort zum Tragen, wo Menschen ihrer Liebe durch die Sorge für andere Ausdruck geben, in der Kunst, der Literatur, der Technologie, in allen guten und kritischen Dimensionen von Verantwortung, im Vertrauen, selbst in der Dunkelheit.“[33]

Christen sind für Madeleine „Menschen mit einer Chance“ (OC XII 180; NK 180), Menschen, die das Glück haben, von Jesus Christus zu wissen und in ihm Gott zu erkennen. Menschen, die auf das Mysterium Gottes gestoßen sind und erfahren haben, dass Gott-Suche immer beides ist: die Suche des Menschen nach Gott – und die Suche Gottes nach dem Menschen. So war der alles entscheidende Wendepunkt im Leben Madeleines die Erfahrung: „Gott hat mich gefunden“ (vgl. OC XI 214; AdC 194). Er ist es, der die Initiative übernimmt und immer neu das Herz des Menschen erreichen will, um darin eine „Herberge“ zu finden.

> „Der Kontakt mit den Kommunisten und allgemeiner mit den Atheisten stellt uns vor Augen, dass unser ganzes Sein ausnahmslos der Platz der Gabe Gottes in uns ist,

33 Elizabeth A Johnson, a. a. O., 71.

dass wir als Ganze die Lebensgrundlage dafür bilden, dass er uns auf geheimnisvolle Weise innewohnt und verwandelt" (OC XII 304; NK 228).

Wir müssen deshalb „den Glauben annehmen als die lebendige Liebe Gottes, als das Leben dieser Liebe in unserem Fleisch, in unserem Herzen und in unserem Geist. Wir dürfen aus unserem Glauben nicht so etwas wie einen verstandesmäßigen Vertrag machen, dem wir zustimmen. Der Glaube ist vielmehr ein Bund im Leben und für das Leben, wie es die Mutter Gottes als Erste ausgedrückt hat: ‚Mir geschehe nach deinem Wort'" (OC XI 196; AdC 184).

## Die Mystik der Leute von der Strasse

Das Geheimnis, das wir Gott nennen, führt so weder zu Weltfremdheit noch zur Vertröstung auf ein Jenseits.

> „Denn wenn die Hoffnung auf das ewige Leben gerichtet ist, so ist sie das jetzt schon in dieser Zeit. Ihre Aufgabe ist es nicht, uns auf Erden Geduld beizubringen, um auf eine Ewigkeit zu warten, die jenseits des Todes für uns bereitgehalten wird. Auch wenn sie auf das ewige Leben blickt, hofft die christliche Hoffnung auf das Leben hier und jetzt, denn das, was sie für die Ewigkeit erhofft, existiert bereits und existiert in Fülle" (OC XII 304f.; NK 229).

Es existiert bereits in Fülle, weil Gott uns unaufhörlich entgegenkommt: im Innern unserer selbst, in den Begegnungen und Fügungen unseres Lebens und in der ganzen uns umgebenden Wirklichkeit. Denn „er ist so groß, dass er nichts und niemandem sonst Raum lässt, es sei denn in ihm. Die ganze Welt erscheint uns wie ein Aug-in-Auge mit ihm, dem wir uns nicht entziehen können" (OC VII 25; NK 50).

Der Alltag wird dann zum „Ort der Heiligkeit" im Leben der „Leute von der Straße", wie es Madeleine immer wieder nennt: dem Leben der „gewöhnlichen Leute" (vgl. OC VII 23f.; NK 50), die die Welt nicht verlassen müssen, um Gott zu begegnen.

> „Was nützte es uns, ans Ende der Welt zu gehen,
> um eine Wüste zu finden?
> Wozu hinter Mauern gehen,
> die uns trennten von der Welt?
> Denn du wirst dort nicht gegenwärtiger sein
> als im Lärm der Maschinen,
> als in der hundertgesichtigen Masse.
> Sind wir so kindlich zu meinen,
> all diese Menschen seien
> groß genug,
> wichtig genug,
> lebendig genug,
> um uns die Sicht zu versperren,
> wenn wir Ausschau halten nach dir?" (OC III 71f.; GwL 115).

So sind für Madeleine „auch die Schritte der Menschenmenge auf den Straßen, die Stimme der Marktfrauen, die Rufe der Männer bei der Arbeit, das Lachen der Kinder im Park, die Lieder, die aus der Bar dringen, ... ein Widerhall des Hauses Gottes" (OC VII 168; NK 65).

Und so ist es möglich, die Wirklichkeit als eine Einheit zu sehen, in der uns nichts von Gott trennen kann; in der es keine Aufspaltung zwischen unserem alltäglichen, profanen Leben und unserem religiösen Leben gibt.

> „Weil wir die Liebe für eine hinreichende Beschäftigung halten, haben wir uns nicht die Mühe gemacht, das, was wir tun, nach Beten und Handeln auseinanderzusortieren.
> Wir finden, dass Gebet eine Aktion ist und die Aktion ein Gebet; es scheint uns auch, dass ein wahrhaft liebendes Tun ganz von Licht erfüllt ist …
> Jede fügsame Tat lässt uns Gott in Fülle empfangen und in Fülle weitergeben, in einer großen Freiheit des Geistes … Was auch immer wir zu tun haben: einen Besen oder einen Stift halten; reden oder schweigen; etwas flicken oder einen Vortrag halten; einen Kranken pflegen oder auf einer Schreibmaschine schreiben – all das ist nur die Rinde einer herrlichen Wirklichkeit, die Begegnung der Seele mit Gott, die sich in jeder Minute erneuert, die an Gnade zunimmt, die immer schöner wird für ihren Gott“ (OC VII 29f.; NK 53).[34]

34 Vgl. im Anhang S. 220f.

## Gott ist ein „Tätigkeitswort“

Diese Begegnung mit Gott isoliert uns keineswegs von anderen. Sie ist im Gegenteil nur dann authentisch, wenn sie zu den Menschen führt.

> Denn „wenn du die Wüste liebst, vergiss nicht, dass Gott die Menschen lieber sind. *Als er [= „der kleine Mönch“] auf der Fahrt seinen Rosenkranz betete*“ (OC IV 68; Alcide 68).

Gottes- und Nächstenliebe können nicht gegeneinander ausgespielt werden. Die Einsamkeit, „in die Gott uns gestoßen hat, macht uns [vielmehr] bewusst solidarisch mit jedem Menschen, der in diese Welt kommt, mit allen Völkern, die Christus am Jüngsten Tag zusammenrufen wird“ (OC X 222; NK 270).

> „Lernen wir, dass der Herr auf einem Weg zu uns kommt, der uns zu den anderen führt. Lernen wir, dass den Herrn in Wahrheit aufzunehmen bedeutet, ihn weiterzugeben ... Lernen wir, dass es nur eine Liebe gibt: Wer Gott umarmt, findet in seinen Armen die Welt; wer das Gewicht Gottes in seinem Herzen empfängt, empfängt auch das Gewicht der Welt“ (OC VII 57).

Dann heißt Christsein nicht, „nachzudenken, etwas zu erfinden, sich etwas einzubilden, sondern zu reden und zu handeln“ (OC XII 180; NK 180).

Von Gott zu „sprechen“ ist allerdings nicht immer mit Worten möglich. Worte können, wie Madeleine schreibt, „unübersetzbar“ sein. Deshalb wird es immer wieder darum gehen müssen, Gott zu bezeugen „durch eine ganze Lebenshaltung, durch die Entscheidungen, die man trifft, durch Taten, die Jemanden voraussetzen – unsichtbar, aber lebendig; unberührbar, aber wirkend" (OC VIII 141f.; NK 247).[35]

Von Gott zu sprechen kann so auch heißen, das zu tun, was Gott tut. Denn Gott ist ein „Tätigkeitswort", wie Kurt Marti einmal geschrieben hat.[36] Wenn Madeleine immer wieder davon spricht, dass Gott „ein Jemand" ist, dann meint sie genau dies: „Er ist Jemand, er lebt, er handelt, er liebt, und zwar intensiver als alles, was wir über Leben, Handeln, Lieben wissen können" (OC XII 182; NK 181).

Menschen, die von sich sagen, dass sie nicht an Gott glauben können, weil sie Realisten sind, hält Madeleine entgegen: „Gott ist ein noch unvergleichlich größerer Realist" (OC XI 197; AdC 185). Und es ist dann an uns, immer tiefer in diesen seinen Realismus einzutauchen.

> „Unser Realismus wird dann vor allem in der Gewissheit und einem nicht minder festen Willen bestehen, durch alle Initiativen etwas Einzigartiges und Unersetzliches zu tun: Ernst zu machen mit einer Liebe, die der Wille Gottes ist. Mit ihr wird alles unermesslich, nicht nach dem Maß der Dinge, sondern nach dem Maß Gottes, das sich keinem menschlichen Maßstab fügt. Aus dieser einzigartigen Energiequelle, aus der ein Strom von Licht und Kraft fließt, muss alles in uns seine Kraft und seine Ausdauer schöpfen" (OC XI 197; AdC 185).

35 Vgl. unten S. 114–116.

36 Kurt Marti, Abendland, 50.

„Alles beginnt so irdisch, so fühlbar, so materiell und so leiblich", wie man es sich nur wünschen kann: „Lieben heißt, dem Durstigen ein Glas Wasser reichen, dem Hungrigen zu essen geben, den Obdachlosen beherbergen. Es heißt, den Gefangenen im Gefängnis besuchen und den Kranken im Krankenhaus. Es heißt, sich jede Sorge, jeden Kummer, jeden Schmerz der anderen zu Herzen gehen lassen. Es heißt, Bruder und Schwester für jeden und jede werden, Bruder und Schwester für alle werden; mit Freuden für sie leben und sterben" (OC III 216).

## Wir bräuchten eine Bewusstseinsbildung

In den letzten Jahren ihres Lebens dachte Madeleine häufig darüber nach, wie Christen und Christinnen in diesem Sinne zu einem tiefen, wirklichkeitsnahen Glauben an Gott finden können. Sie spürte, dass die damals übliche Glaubensunterweisung dafür meist nicht ausreichte. Entweder erhielt man ein Handwerkszeug für äußere Aktionen oder man wurde angeleitet, das „innere Leben" zu vertiefen. Man wurde aber nicht darin unterwiesen, wie man den Willen Gottes hier und heute *tun* konnte – unter den Menschen, unter denen man lebte, und in missionarischer Verantwortung für sie (vgl. OC X 185f.). Man wurde nicht darin unterwiesen, was es heißt, aus dem Evangelium zu leben und es anderen zu verkünden. Man wurde nicht darin unterwiesen, dass man als Getaufte und Gefirmte nicht nur in die Kirche geht, sondern selbst Kirche ist. Von allein wächst dieses Bewusstsein aber oft nicht – so die Erfahrung Madeleines.

> „Wir bräuchten [deshalb] eine Bewusstseinsbildung, die für uns auf den Punkt bringt, wie wir den Willen Gottes erfüllen können: da, wo wir sind, für die, die wir sind, und für die Zeit, in der wir leben. Es geht uns nicht um theoretische Grundsätze, sondern um die Gesetze eines lebendigen Organismus, die wir dann in den jeweils konkreten Umständen anwenden können – so wie sich der Elektriker der Gesetze der Elektrizität bedient, wenn er eine Steckdose anbringt" (OC X 186).

Es reicht dann nicht, den Menschen nur zu sagen, dass sie kraft ihrer Taufwürde dazu berufen und begabt sind, den Willen Gottes zu tun: wie Jesus Christus „Licht zu bringen, zu segnen, zu beleben, aufzurichten, zu heilen, zu befreien" (EG 273). Es braucht das praktische „Training" von Fähigkeiten, die zwar angelegt, aber nicht ausreichend entwickelt wurden.[37] Ein solches „Training" zu ermöglichen ist eine grundlegende Aufgabe von Priestern und anderen pastoral hauptamtlich Tätigen. Dazu sind „viele Begegnungen, viele kleine Schritte der Bewusstseinsbildung erforderlich, die Menschen eigenständige Entscheidungen ermöglichen, sie ihrer eigenen Verantwortung bewusst werden lassen und hoffnungsvolle Visionen und Erfahrungen geistlicher Nahrung und Stärkung ermöglichen".[38]

37 Vgl. dazu Monica Gräfin von Ballestrem, Schreiben gegen das Überhören, 531, Anmerkung 1223.

38 Ebd., 520f.

## Dem Wort Gottes einen herzlichen Empfang bereiten

In vielen Ländern – vor allem in der sogenannten Dritten Welt – spielt dabei der Umgang mit der Bibel eine zentrale Rolle. Auch Madeleine macht schon in den Dreißigerjahren des vergangenen Jahrhunderts die Erfahrung, dass „das Evangelium kein Buch unter anderen [ist]: Es ist wie eine Begegnung, die Christus jedem und jeder von uns schenkt" (IA 53; LU 48). In dieser Begegnung kann aufleuchten, was er in einer konkreten Lebenssituation zu einzelnen Menschen, aber auch zu Gruppen und Gemeinschaften sagen will. Weltweit sind in den letzten Jahrzehnten dazu verschiedene Methoden des Bibel-Teilens entwickelt worden.

Madeleine hat einen solchen Umgang mit der Schrift lange vor dem Konzil kennengelernt und praktiziert, in ihrer Gemeinschaft, aber auch für sich allein.

Sie war davon überzeugt, dass alle Getauften dazu berufen sind, „das Wort Jesu in seiner Fülle aufzunehmen" (OC VII 159; NK 60), und dass sie dazu auch in der Lage sind.

> Denn „nirgendwo als in unserem Leben, das von morgens bis abends zwischen den Ufern unserer Häuser, Straßen, Begegnungen dahinströmt, will Gottes Wort wohnen ...
>
> Der Satz des Herrn, den wir dem Evangelium während der Frühmesse entrissen haben oder während der Fahrt in der Metro oder zwischen zwei Haushaltsarbeiten, oder abends im Bett: er darf uns genauso wenig verlassen, wie

uns unser Leben oder unser Geist verlässt.
Dieser Satz will befruchten, verwandeln, erneuern: den Händedruck, den wir zu geben haben, unser Bemühen, gute Arbeit zu leisten; die Art, wie wir die Menschen anblicken, die uns begegnen, wie wir gegen unsere Müdigkeit ankämpfen, mit einem Schmerzanfall umgehen, in einer Freude erblühen. Dieser Satz will überall dort zu Hause sein, wo wir zu Hause sind. Er will überall dort wir selbst sein, wo wir wir selbst sind" (OC VII 159f.; NK 60f.).

## Die Eucharistie ist die Summe der Liebe[39]

Um so im Alltag mit Gott verbunden zu bleiben, bedarf es für Madeleine darüber hinaus auch der Neubesinnung auf all das, was zur geistlichen Tradition des Christentums gehört: ein Leben des Gebets, des Schweigens und der Einsamkeit; die Teilnahme an der Liturgie der Kirche; die Weisungen Jesu, arm, ehelos und gehorsam zu leben. Sie erkennt darin Haltungen und Vollzüge, die so notwendig sind wie die Luft zum Atmen.

Vor allem die Eucharistie wurde für Madeleine zur täglichen Nahrung. Christine de Boismarmin, eine ihrer Gefähr-

39 In der Vergangenheit ist die Bedeutung, die die Eucharistie für Madeleine hatte, oft eher im Hintergrund geblieben. Die Texte, die bald nach ihrem Tod veröffentlicht worden waren, haben dieses Thema fast völlig ausgespart. Erst in der letzten Zeit wächst das Bewusstsein dafür, wie sehr gerade die Eucharistie für Madeleine nicht nur tägliche Nahrung war, sondern auch wesentliche Grundlage ihres missionarischen Engagements. Vgl. dazu vor allem Bernard Pitaud, *Eucharistie et Discernement chez Madeleine Delbrêl*, Paris 2010.

tinnen und ihre Biografin, erzählt, wie Madeleine möglichst täglich zur Frühmesse ging. Dies war ihr bereits in den Jahren nach ihrer Konversion zur Gewohnheit geworden, wie sie als 24-Jährige in einem Brief aus dem Jahr 1928 schreibt:

> „Es ist noch früh am Morgen. Alle Welt schläft noch oder ist gerade am Aufwachen. Ich komme aus meiner geliebten Frühmesse, die sehr einer Vigil gleicht: Die Straßen sind [auf dem Hinweg zur Messe] noch völlig dunkel, die Gaslichter brennen, und hier und da hört man das Geräusch von Kehrschaufeln. Man streift an Lumpensammlern vorbei, Menschen, die einem lieb geworden sind. Dann kommt man an. Der Tabernakel ist weit geöffnet, und bald schon nähert sich von fern ein Glöckchen und mit ihm der Priester mit dem Hostienkelch; der Tabernakel wird geschlossen, das Licht angezündet, und die ganze Kirche wird zu einem Zeichen“ (OC I 120).

In der heutigen Zeit – fast neunzig Jahre später – mag so eine Erfahrung vielen Christen und Christinnen fremd sein. Außer im Fall von Rorate-Gottesdiensten sind derart frühe Werktagsmessen in den Pfarreien eher selten geworden, und auch die Gestalt der Eucharistiefeier hat sich durch die Liturgiereform des Zweiten Vatikanischen Konzils geändert. Dennoch ist Madeleines Eucharistieverständnis von bemerkenswerter Aktualität. Sie ist davon überzeugt, dass Jesus Christus auf verschiedene Weise unter uns gegenwärtig ist: im Wort der Heiligen Schrift, in der Gemeinschaft derer, die miteinander in seinem Namen versammelt sind, in den Armen und Bedrängten – und schließlich auch in uns selbst, denn Jesus Christus will in uns und mit uns unter den heutigen Menschen leben.[40] Seine Gegenwart in den Gestalten von Brot und Wein ist für sie aber eine besonders innige Weise der Nähe und Verbundenheit, die „unseren Leib und unser Blut"[41] erneuert und stärkt. „In der Eucharistie finden wir alles, was wir brauchen" – und „ich empfinde immer mehr", so schreibt sie einer Freundin, „dass sie die ‚Summe' der Liebe ist" (OC I 233f.).

In ihr kommt Madeleine am intensivsten mit dem Leben in Kontakt, das sie empfangen möchte, um es anderen Menschen weiterzuschenken. In ihr wächst ihr die Kraft zu, Jesus Christus nicht nur nachzufolgen, sondern „Jesus zu sein" (OC I 231) und „den ganzen Weg entlang" seine „Gebärden ... zu wiederholen" (CE 48; FG 33). Dann werden wir – so Madeleine – selbst „zum Zeichen der Eucharistie", und zwar „unter unseren menschlichen Gestalten" (OC I 233f.).[42]

Eucharistie lässt sich somit nicht auf den Empfang des Leibes und Blutes Christi während des Gottesdienstes reduzieren. Sie muss sich im Alltag auswirken. Für Madeleine wird sie zur Grundlage dessen, was sie unter Mission versteht: Begegnungen, in denen Menschen mit Jesus Christus in Berührung kommen – denn „in uns vollzieht sich das Sakrament deiner Liebe", wie es in ihrem Gedicht „Liturgie der

---

40 Vgl. dazu z. B. das Gebet „Der neue Tag" im Anhang S. 221f.

41 Zit. bei Bernard Pitaud, a. a. O., 26.

42 Madeleine verwendet hier dasselbe Wort, das seinerzeit auch für die Gegenwart Christi in den Gestalten von Brot und Wein verwendet wurde: *„apparences"*.

Außenseiter" heißt.

> „Weil deine Augen in den unsren erwachen,
> weil dein Herz sich öffnet in unserm Herzen,
> fühlen wir,
> wie unsere schwächliche Liebe aufblüht,
> sich weitet wie eine Rose,
> zärtlich und ohne Grenzen
> für all diese Menschen, die hier um uns sind ..."
>
> (OC III 65; KM 83)[43]

Dieser Zusammenhang von Eucharistie und liebevoller Hinwendung zu den Menschen ist – so die Erfahrung Madeleines – vielen Christen nicht bewusst. Auch hier bleiben viele Gläubige hinter dem zurück, was ihnen durch die Taufe zugesagt und ermöglicht wird, sodass am Ende beides leidet oder gar auf der Strecke bleibt: die Begegnung mit Jesus Christus und die Begegnung mit den Menschen.

> „Haben wir heutzutage wirklich verstanden, dass es eine der tiefsten Daseinsberechtigungen der Pfarreien ist, dass die Christen sich ganz eng mit diesem ‚Gott mit uns' verbinden? Ist dieser verborgene Dienst, der eine Ausbreitung der Gnade zur Folge hätte, in unseren Pfarreien nicht deshalb unterbelichtet, weil die Christen ihre Zuflucht zu wenig bei Christus suchen, der unter den Seinen gegenwärtig ist?
> Man ist zu Recht darüber erstaunt, wie sehr sich die Ge-

43 Vgl. den gesamten Text im Anhang S. 223–226.

> meinden mit sich selbst beschäftigen, wo es doch um sie herum so viele Ungläubige gibt, die leiden. Könnte man nicht mit noch größerem Recht darüber erstaunt sein, wie wenig Zeit dieselben Christen dem Zusammensein mit Christus widmen?" (OC VII 120).

Das führt zur Frage, wie die Eucharistie so vorbereitet und gefeiert werden kann, dass Menschen dem Gott ihres Lebens begegnen und sich darin zugleich als eine Gemeinschaft erfahren, die sich für die Anliegen der Menschen öffnet, unter denen sie lebt. „Wenn die Eucharistie die Mitte eines ... viel umfassenderen Lebensvorganges würde, könnte sie ihre volle Kraft entfalten. Wo die Liturgie im Leben des Einzelnen aber nicht mehr ist als ein sonntäglich vollzogener Ritus, wird sie austrocknen", schreibt Klemens Richter.[44] Mit diesem Aspekt hat sich auch Madeleine auseinandergesetzt. Ihr geht es darum, dass die Eucharistiefeier die Lebenskräfte der Getauften erneuert, denn dadurch wird ihnen auch ihre Berufung und ihre Verantwortung bewusst.

> „Das Dringlichste ist es, sie [die Eucharistiefeier] den Gläubigen eingängiger zu gestalten; sie für sie so lebenswirksam zu machen, dass sie in einer missionierenden Pfarrei ihre apostolische Berufung leben können: die Rolle des Gebets zu erkennen, das sich auf die Beziehung ihrer ungläubigen Schwestern und Brüder und Gott aus-

44 Klemens Richter, Liturgiereform als Mitte einer Erneuerung der Kirche, 71. Vgl. dazu auch vor allem Monica Gräfin von Ballestrem, a. a. O., 355–393.

wirkt; an ihrer Stelle das Wort zu ergreifen, um Gott zu verherrlichen; das lebendige Band zu sein, das sie zwischen Gott und den Menschen, denen er unbekannt ist, bilden sollen" (OC X 176; NK 169).

## Tiefenbohrungen und Zeitteilchen: Gebet in einem weltlichen Leben[45]

Immer wieder weist Madeleine auf das Gebet hin. „Sakramente, denen kein Gebet vorangeht und die von keinem Gebet begleitet werden, sind wie eine gesunde Nahrung, die man in einer verschlossenen Wohnung einnimmt, die man nie verlässt" (JC 209; GwL 67).

Das Gebet ist es, das den unmittelbaren, vitalen Austausch zwischen Gott und uns Menschen ermöglicht.

> „Gott fordert von uns nicht nur eine lebendige, sondern eine vitale, nicht nur eine liebende, sondern eine anbetende Antwort ... Du kannst nicht tun, was er dir zugedacht hat, wenn du nicht in konkreter Verbindung mit ihm bist, wenn du nicht betest, wenn das Gebet für dich nicht unentbehrlich ist, so unentbehrlich für das Leben wie Essen, Trinken, Schlafen, Atmen" (IA 34f.; LU 33).

Ohne Gebet können wir zwar „‚Experten' sein in der Lehre der Kirche oder in einem Spezialgebiet davon; wir

---

45 Vgl. zu diesem Thema das Buch von Rosemarie Nürnberg, Anders beten. Impulse von Madeleine Delbrêl, München 2015.

> haben dieses und jenes gelernt und behalten, aber es hat in uns nicht jene innere Schicht erreicht, aus der heraus wir besser leben können" (OC XV 40; GwL 55).

Ganz ähnlich sieht es Papst Franziskus: „Immer ist es notwendig, einen inneren Raum zu pflegen, der dem Engagement und der Tätigkeit einen christlichen Sinn verleiht. Ohne längere Zeiten der Anbetung, der betenden Begegnung mit dem Wort Gottes, des aufrichtigen Gesprächs mit dem Herrn verlieren die Aufgaben leicht ihren Sinn, werden wir vor Müdigkeit und Schwierigkeiten schwächer und erlischt der Eifer. Die Kirche braucht dringend die Lunge des Gebets" (EG 262).

Wie aber soll dies geschehen unter den Bedingungen eines Lebens mitten unter den Menschen, in einem Alltag, in dem es sowohl an Raum als auch an Zeit mangelt? In dem es den wenigsten Menschen möglich sein wird, lange Gebetszeiten einzuhalten oder täglich eine Werktagsmesse mitzufeiern? Madeleine regt hier aus langjähriger eigener Erfahrung zu einem „freien, kreativen Umgang mit dem Gebet"[46] an. Sie ist überzeugt, dass es dafür „kein Buch mit ‚Kniffen' oder Rezepten" gibt, dass dies aber auch gar nicht nötig ist (OC XVII 259; GwL 81f.).

> Denn „das Leben jedes und jeder Einzelnen zeigt durch seine Lebensumstände, was jeweils möglich ist – je nachdem, wie die äußeren Bedingungen sind und wozu man

46 Ebd., 13.

fähig ist ... Es gibt wohl überlieferte Formen persönlichen Betens, die manche übernehmen können, ohne damit ihr Leben zu verrenken, zu überziehen, zu überladen. Aber in einer Zeit, in der sich die Existenzbedingungen immer schneller wandeln, muss jeder einzelne Mensch selber neue Formen des Betens finden.
Manche setzen sich in den Kopf, es genau wie die Ordensleute machen zu wollen; das führt aber dazu, überhaupt nichts zu tun, denn so etwas ist für uns Leute vom Volk praktisch unmöglich.
In das beschäftigtste, umtriebigste Leben dringen aber doch, wie feiner Staub, leere Zeitteilchen ein. Sieht man sie – man sieht sie nicht immer –, so könnte man doch auf den Gedanken kommen, sie zusammenzulegen und dadurch ein Stück verwertbare Zeit zu gewinnen. Wenn wir behaupten, Beten sei unmöglich, so müssen wir uns auf die Suche nach diesem Zeitstaub machen und ihn *so, wie er ist,* verwerten" (OC XVII 259f.; GwL 81f.).

Madeleine weiß, dass es auch regelmäßige Zeiten des Rückzugs braucht; Zeiten, in denen man alles unterbricht, womit man sich innerlich und äußerlich gerade beschäftigt. So wie Jesus sich immer wieder auf einen einsamen Berg zurückgezogen hat, um zu beten, so braucht es den Entschluss, „jeden Tag eine Zeit zu finden, die allein Gott gehört" (OC XV 44; GwL 59).

„Suchen wir immer mehr die Stille auf. Dort werden wir den Heiligen Geist Gottes finden, dort wird er unsere

> Gedanken von allem befreien, was künstlich ist, dort wird er unsere Worte schon im Voraus sieben und sie mit seinem Salz und seinem Öl würzen, dort wird er uns schließlich ein neues Herz schenken: dieses ‚Herz aus Fleisch', das unser ‚Herz aus Stein' ersetzen soll, dieses Herz, das in Stücke brechen muss, statt sich allem zu verschließen – ein leidenschaftliches Herz, das mit Liebe ansteckt" (IA 41f.; LU 38).

Doch wenn das Gebet auch einen gewissen Zeitaufwand fordert, so ist es für Madeleine nicht unbedingt eine Frage der Dauer. Es ist eher eine Frage der Intensität und der Sehnsucht, mit Gott wirklich in Verbindung sein zu wollen – wie Liebende, die unaufhörlich nach Möglichkeiten suchen, miteinander in Kontakt zu sein, über alle Grenzen von Raum und Zeit hinweg.

> „Wo immer wir uns aufhalten mögen, Gott ist dort. Der nötige Raum, um ihn zu finden, ist der unserer Liebe, die von Gott nicht getrennt sein, die ihm begegnen will ... Diese Sehnsucht macht das Gebet aus, und zwar egal wo. Jede Liebe trägt ihre Sehnsucht überall mit sich herum.
> Gott genug lieben, um bei ihm sein zu wollen, das Verlangen dieser Liebe in sich tragen: das verleiht die Kraft, das härteste, dichteste Leben zu durchbohren und betend zu dem zu gelangen, den wir lieben. Ein paar Minuten solchen Gebets können uns Gott überantworten, restloser als viele vielleicht sehr gesammelte Stunden, denen diese bebende, verlangende Sehnsucht nicht vorausging" (OC XV 49f.; GwL 63f.).

Dann ist es nicht nötig, „Beten und Handeln auseinanderzusortieren" (OC VII 28f.; NK 52). Dann ist es möglich, „immerfort zu beten, denn das ist nichts anderes, als an die Gegenwart des Herrn zu glauben, der überall und ‚alle Tage bis ans Ende der Welt' bei uns ist" (CE 162; FG 134f.).

> „Wie der elektrische Strom den Leitungen folgt, so läuft [dann] das Beten den Abschnitten unserer Tage entlang; es belebt ihre aktiven Zeiten, es füllt ihre Leerräume. Es lebt da, wo wir sind, es ist in den Werkstätten, wo wir arbeiten, am Tisch, an dem wir schreiben, in unseren Häusern, in unseren Straßen. Es lauscht mit uns, es spricht mit uns, es schenkt, es tröstet, umsorgt, beruhigt. Es ist frei aus der Freiheit Gottes" (OC XIII 170; FG 16).

*„Die ‚Gegenwart Gottes' entreißt uns nicht dem Ablauf unseres alltäglichen Lebens; aber der Herr, der voll Liebe diesen Ablauf vorbereitet – Stunde um Stunde –, schenkt uns ein immer neues Rendezvous in jeder Situation, im Innern einer jeden Aufgabe, die wir zu erledigen haben. Er ist darin bei uns und lebt mit uns, um alles entgegenzunehmen, was auf uns zukommt; er handelt mit uns, damit alles darauf ausgerichtet ist, seinen Willen zu erfüllen."*

CE 162; FG 135

# Die Liturgie der Außenseiter: Als Kirche aus sich herausgehen

## „Du hast uns heute Nacht in dieses Café ‚Le clair de Lune' geführt"

In der „Schule von Ivry" hat Madeleine erfahren, dass die Kirche im Lauf von Jahren und Jahrzehnten vielen Menschen so fremd geworden ist, dass sie kaum zu irgendwelchen Veranstaltungen kommen würden – mögen die Einladungen auch noch so attraktiv formuliert sein.

In dieser Situation ist es eine elementare Weise der Verkündigung, als Kirche „aus sich herauszugehen, an die Ränder zu gehen", wie Papst Franziskus nicht müde wird zu betonen. Das heißt, als Kirche dort zu sein, wo die Menschen sind, die Christus nicht kennen.[47] Nicht darauf zu warten, dass sie kommen, sondern zu ihnen zu gehen und – wie es Madeleine getan hat – gegebenenfalls auch unter ihnen zu leben. So lassen sich dann auch überraschend neue Weisen

47 Dabei ist es heutzutage sicher auch notwendig, als Kirche in den sozialen Medien präsent zu sein (wie es vielerorts ja längst geschieht), ohne sich allen dort herrschenden „Spielregeln" zu unterwerfen. Dies erfordert immer wieder eine „Unterscheidung der Geister".

der Gegenwart Gottes entdecken. „Diese Gegenwart muss nicht hergestellt, sondern entdeckt, enthüllt werden“ (EG 71).

„Du hast uns heute Nacht in dieses Café ‚Le Clair de Lune‘ geführt …“ – So beginnt eines der schönsten Gedichte Madeleine Delbrêls mit der Überschrift „Liturgie der Außenseiter“ – oder, wie es im französischen Original heißt: „Liturgie des sans offices“ (OC III 64ff., KM 83–86)[48]. Dort, im Café an der Place d'Italie in Paris, findet für Madeleine Delbrêl ein ganz besonderer Gottesdienst statt: eine „Liturgie“ für Menschen, die sonst an keinen Gottesdiensten teilnehmen, oder anders gesagt: Dort erfährt sie den Dienst Gottes an sich und an den Menschen, denen sie an diesem Ort begegnet. Da berühren sich für sie Himmel und Erde, da ist heiliger Boden.

Und das in einem Café, in dem sich die unterschiedlichsten Menschen eingefunden haben: die Musiker, „die Musik machen für Leute, die ihnen gleichgültig sind“; der „traurige Mann, der uns seine sogenannten fröhlichen Geschichten erzählt“, der Betrunkene, „der gerade die Treppe hinuntertaumelt“, und „jene müde da sitzenden Leute, die verlassen hinter ihrem Tisch kauern und nur hier sind, um nicht anderswo zu sein“; sie alle sind hineingenommen in diese ungewöhnliche nächtliche Liturgie.

Es ist die denkbar schlichteste und zugleich dichteste Form einer Liturgie: Sie findet statt, weil es Menschen gibt, die sich gerade hier an diesem Ort dem Wirken Gottes zur

48 Vgl. den gesamten Text im Anhang S. 223–226.

Verfügung stellen. Weil sie darin einwilligen, zu einem „Sakrament der Liebe“ zu werden.

> „Weil deine Augen in den unsren erwachen, weil dein Herz sich öffnet in unserm Herzen“, ist dieses Café „nun kein profaner Ort mehr ... Wir wissen, dass wir durch dich ein Scharnier aus Fleisch geworden sind, ein Scharnier der Gnade, die diesen Fleck Erde dazu bringt, sich mitten in der Nacht, fast wider Willen, dem Vater allen Lebens zuzuwenden“ (OC III 65; KM 83).

Dieses Gedicht spiegelt wie kaum ein anderer Text die Überzeugung Madeleines wider, die sie nach einigen Jahren in Ivry gewonnen hat: dass die gewohnten Formen der Verkündigung nicht mehr ausreichen, um diejenigen anzusprechen, denen Glaube und Kirche fremd geworden sind.

Zunächst hatte die erste Gruppe Madeleines, die 1933 nach Ivry aufgebrochen war, ihren Platz im Rahmen der örtlichen Pfarrei gesehen. Ihre Erfahrungen wiesen jedoch bald in eine andere Richtung: Sie erlebten, dass vieles, was in der Pfarrei geschah, vor allem binnenkirchlich ausgerichtet war.

> „Ich lebe nun seit sechzehn Jahren in Ivry. Bis 1939 habe ich hauptsächlich unter Christen gelebt. Während des Krieges dann unter Christen und Nichtchristen. Seit vier Jahren [seit Anfang 1945] lebe ich fast ausschließlich unter Nichtchristen. Ich sage bewusst ‚ich‘, denn diese Etappen gelten nicht in der Weise für alle meine Gefährtinnen.

> Dennoch haben wir alle gemerkt, dass die Pfarrei Ivry-Centre als Gemeinschaft fast völlig von jedem nichtgläubigen Milieu abgeschnitten ist …“ (OC II 175).[49]

Mehr und mehr sieht sie deshalb ihre Berufung und die ihrer kleinen Gemeinschaft darin, „Gotteszeuginnen zu sein, in Armut und Selbstvergessenheit unter den einfachen Menschen, unter denen, die außerhalb der sichtbaren Pfarreigrenzen leben“.[50]

Zwei Jahre nach ihrer Ankunft in Ivry zieht Madeleine mit ihren Gefährtinnen in die Rue Raspail um, in ein Haus, das der Stadt gehört und das sich in unmittelbarer Nachbarschaft zum „roten“ Rathaus befindet. Damit entfernt sie sich räumlich vom Territorium ihrer Pfarrei, ohne jedoch die Brücken zu ihr abzubrechen. Im Gegenteil: Sie sieht sich als „Grenzfeld der Kirche“ (OC XI 39; AdC 37), als „Vorposten“ der Pfarrei. Denn „den Pfarreien sind in Bezug auf die heutige Welt die Arme an den Ellbogen abgetrennt; diejenigen von uns, die sich nicht nur im Bereich der Pfarrei engagieren, bilden sozusagen die ‚Ersatz-Arme‘ für diese amputierten Glieder“ (OC I 302).

> „Da, wo Christus unbekannt ist, da muss er verkündet werden, dorthin geht die Kirche, dorthin müssen wir gehen. Diesen Menschen, unseren Kameraden, der von uns nur durch eine Maschine, durch einen Bürotisch, durch

49 Vgl. unten das Kapitel „Zu jedem Aufbruch bereit“, S. 187–214.

50 Christine de Boismarmin, *Madeleine Delbrêl, Rue des villes chemins de Dieu*, 58.

> den Hausflur, durch die Breite unserer Straße getrennt ist, müssen wir wieder erreichen, indem wir ihn wie einen wirklichen Bruder behandeln. Aber wir müssen ihm dorthin folgen, wo er allein ist, wo er ohne Gott ist. Wir müssen ihm in die Wüste folgen, die ihm gar nicht bewusst ist" (OC IX 151).

Dieser Blickwechsel bleibt nicht unbemerkt, zumal Madeleine sich dafür entschieden hat, manche ihrer früheren Ehrenämter zugunsten ihres missionarischen Einsatzes abzugeben. Solange Abbé Lorenzo – der geistliche Begleiter der Gruppe seit ihren allerersten Anfängen – Pfarrer in Ivry ist, wird dieses Engagement voll und ganz mitgetragen. Doch mit einem seiner Nachfolger kommt es zum Konflikt. Ihm erscheinen die „Grenzüberschreitungen" Madeleines und ihrer Gefährtinnen offenbar zu gewagt, und er hätte sie gerne wieder stärker in den binnenkirchlichen Bereich eingebunden.

Madeleine liegt daran, mögliche Missverständnisse auszuräumen, und sie versucht deshalb, ihm ihren Standpunkt in einem längeren Brief nahezubringen:[51]

> „Es wäre für uns sehr schmerzlich, wenn Sie glauben, dass wir eine Art ‚Geheimbund' sind. Unser Weg in Ivry hat uns zu denen geführt, die ‚ohne Gott' sind, und sie sind zu einsam, als dass wir sie im Stich lassen könnten" (OC II 179).

51 Vgl. den gesamten Brief im Anhang S. 227–232; vgl. auch S. 192ff.

Damit nimmt Madeleine eines der Schlüsselthemen von Papst Franziskus vorweg. Bereits in seiner Rede beim Vorkonklave legte Papst Franziskus – damals noch Kardinal Bergoglio – den Kardinälen ans Herz: Die Kirche „ist aufgerufen, aus sich selbst herauszugehen und an die Ränder zu gehen. Nicht nur an die geografischen Ränder, sondern an die Grenzen der menschlichen Existenz: die des Mysteriums der Sünde, die des Schmerzes, die der Ungerechtigkeit, die der Ignoranz, die der fehlenden religiösen Praxis, die des Denkens, die jeglichen Elends. Wenn die Kirche nicht aus sich selbst herausgeht, um das Evangelium zu verkünden, kreist sie um sich selbst. Dann wird sie krank".[52]

52 Kardinal Jorge Mario Bergoglio, Rede beim Vorkonklave. Vgl. auch Einleitung S. 26.

*„Und unser Herz wird immer weiter*
*und immer schwerer*
*von der Last vielfacher Begegnung,*
*immer schwerer von der Last deiner Liebe,*
*unser Herz, / gebildet von dir,*
*bevölkert von unseren Schwestern und Brüdern,*
*den Menschen.*
*Denn die Welt ist kein Hindernis,*
*um für sie zu beten.*
*Wenn einige die Welt verlassen müssen,*
*um sie zu finden,*
*so müssen andere in die Welt hineintauchen,*
*um sich emporzuschwingen*
*mit ihr zum gleichen Himmel.*
*Im Abgrund der Sünden der Welt*
*hast du sie zum Stelldichein gerufen;*
*gekettet an die Sünde / leben sie mit dir einen Himmel,*
*der sie emporzieht und in Stücke reißt.*
*Während du fortfährst,*
*in ihnen die düstere Erde zu besuchen,*
*erklimmen sie mit dir den Himmel;*
*zu einer schwerfälligen Himmelfahrt sind sie bereit:*
*festgehalten im Schmutz, / verzehrt durch deinen Geist,*
*verbunden mit allen, / gebunden an dich,*
*beauftragt, im Ewigen zu atmen*
*wie Bäume für ihre Wurzeln im Boden.“*

OC III, 67f.; KM 86; vgl. den gesamten Text im Anhang S. 221–224.

# Ohne Propaganda und ohne Inkognito: Im Dialog mit den Menschen

## Glauben heisst auch reden

> „Was wir suchten, was ich wollte, war die Freiheit, Seite an Seite mit Männern und Frauen der ganzen Erde zu leben, zusammen mit meinen Zeitgenossen die Jahre unserer selben Kalender und die Stunden unserer selben Uhrzeit zu verbringen" (OC XI 43; AdC 40).

In dieser Weise das Leben der Menschen zu teilen, war der ursprüngliche Impuls Madeleines, als sie 1933 nach Ivry kam. Ganz in das Milieu derer einzutauchen, die vom Leben der (meist eher bürgerlichen) Pfarreien entfernt waren, erschien ihr als die wesentliche Grundlage für einen missionarischen Aufbruch. Ganz ähnlich sahen es die ersten Arbeiterpriester, die Anfang der Vierzigerjahre des 20. Jahrhunderts in die Fabriken gingen, um sich auf die Lebensbedingungen der Menschen einzulassen, die in den Pariser Vororten und in den großen französischen Hafenstädten einen Großteil der Bevölkerung ausmachten.

In den Fünfzigerjahren vertieft und erweitert sich für Madeleine dieser Impuls. Ausgelöst wird dies nicht zuletzt durch eine Audienz mit Papst Pius XII. im Jahr 1953 – mitten in der Krise der missionarischen Bewegungen Frankreichs.[53] In dieser halböffentlichen Audienz legte der Papst ihr drei Mal und mit großem Nachdruck das Wort „Apostolat" ans Herz. Dieses Wort, schreibt sie zwei Jahre später, „hat mich aufgerüttelt" (OC XII 56). Was auch immer der Papst damit sagen wollte, in Madeleine löste es die Erkenntnis aus, „dass wir nicht nur als Christen zu leben, sondern Christus auch laut zu verkünden haben" (OC XI 111; AdC 103).

Sie hat erlebt, dass es in der Öffentlichkeit „Meinungsmacher" gibt, die selbstbewusst für ihre Sicht der Wirklichkeit werben und damit auf die Menschen einwirken. Zu ihrer Zeit war es z. B. der Marxismus-Kommunismus, der auf den Schultern von Lenin ein weltweites Propagandanetz gesponnen hatte. Christen hingegen – so die Erfahrung Madeleines – verhalten sich demgegenüber oft eher defensiv, als hätten sie einen „Minderwertigkeitskomplex, der sie aufs Schweigen reduziert" (OC XII 22):

> „Es scheint, als wollten wir uns dafür entschuldigen, Elemente in die menschlichen Debatten einzubringen, die in den Spielregeln nicht vorgesehen sind" (OC XI 149).

War es im Umfeld Madeleines vor allem der Marxismus, der in diesen Debatten den Ton angab, so ist es heute – im Zeitalter der globalen Kommunikation – ein vielstimmiges Konzert von säkularen und auch religiösen Überzeugungen, mit

53 Im Jahr 1953 wurde das Experiment der Arbeiterpriester verboten; erst 1965 wurden sie unter Papst Paul VI. wieder rehabilitiert.

denen Christen in Kontakt kommen. Diesem gegenüber zeigen sich manchmal Tendenzen einer missverstandenen Anpassung, die auf das Bekenntnis des eigenen Glaubens verzichtet, auch aus Sorge, als intolerant oder fundamentalistisch zu gelten oder Andersgläubige zu provozieren.

Wenn Madeleine den Finger auf diese Wunde legt, geht es ihr keinesfalls um mehr kirchliche Selbstdarstellung. Sie will vielmehr anderen Menschen die Hoffnung nicht vorenthalten, von der sie selbst erfüllt war. Der atheistischen Überzeugung ihrer Zeitgenossen hält sie entgegen:

> „Jemand muss es sagen: in einer Welt, in der diese Hypothese [Gottes] nicht mehr gilt, wären die Teller vielleicht gefüllt, es gäbe viele Häuser, üppig ausgestattete Bibliotheken ... Doch wenn der menschlichen Vernunft das Lebensminimum fehlte, dann würde sie inmitten von all diesem Reichtum an Hunger und Verzweiflung zugrunde gehen. Dieser Verzweiflung der Vernunft wollen wir keinen Vorschub leisten" (OC XI 115, AdC 106).

Darüber hinaus liegt ihr aber auch und vor allem die Verherrlichung Gottes am Herzen.[54] Seine Ehre ist für sie das Ziel jeder Mission – und das umso mehr dort, wo Gott für das öffentliche Bewusstsein keine Bedeutung mehr zu haben scheint. So verbindet sie mit dem Wort „Apostolat" auch den Kampf darum, „dass Gott nicht mehr tot sei" (OC XII 46).

54 Vgl. zum Thema Verherrlichung Gottes oben S. 51f. und Anmerkung 19.

> „Um gegen diesen Tod im marxistischen Milieu anzugehen, genügt das Zeugnis eines schweigenden Lebens nicht, mag es noch so heroisch sein: Heute oder morgen wird man vielleicht – irgendwann aber ganz gewiss – auch reden müssen" (OC XII 46).

Um Gottes und der Menschen willen muss der Glaube immer wieder auch einmal ins Wort gehoben werden, denn „die wahre Anrede Gottes weist den Menschen in den Raum der gelebten Sprache", wie Martin Buber schreibt.[55] Und dies „ohne Propaganda und ohne Inkognito" (OC XII 21) – in der Bereitschaft, stets „Rede und Antwort zu stehen", wenn man – direkt oder indirekt – nach der Hoffnung gefragt wird, die einen erfüllt (vgl. 1 Petr 3,15).

Das gilt sowohl für den Bereich der Politik und der Medien als auch für das Gespräch von Mensch zu Mensch. „In der Mediengesellschaft unserer Zeit kommt dem privaten Gespräch als Korrelat zur Verkündigung der christlichen Botschaft in der Öffentlichkeit der Massenmedien ein neues Gewicht zu. Es ist nämlich zu beobachten, dass dann, wenn es um sogenannte ‚letzte Fragen' geht – um Leben und Tod –, der einzelne Mensch mit den Medien allein nicht zurecht kommt. Da sich bisher tragende Faktoren wie Sitte und Brauchtum verflüchtigt haben, braucht der Mensch heute umso mehr das persönliche Gespräch."[56] Dazu ruft auch Papst Franziskus in seinem Schreiben „Evangelii Gaudium"

---

55 Martin Buber, Zwiesprache, 160.

56 Aussteigen Umsteigen Einsteigen. Ein Kursbuch für den Dialog mit Nichtchristen, 10. Im Folgenden: Kursbuch.

auf: „Nun, da die Kirche eine tiefe missionarische Erneuerung vollziehen möchte, gibt es eine Form der Verkündigung, die uns allen als tägliche Pflicht zukommt. Es geht darum, das Evangelium zu den Menschen zu bringen, mit denen jeder zu tun hat, zu den Nächsten wie zu den Unbekannten. Es ist die informelle Verkündigung, die man in einem Gespräch verwirklichen kann, und es ist auch die, welche ein Missionar handhabt, wenn er ein Haus besucht. Jünger sein bedeutet, ständig bereit zu sein, den anderen die Liebe Jesu zu bringen, und das geschieht spontan an jedem beliebigen Ort, am Weg, auf dem Platz, bei der Arbeit, auf einer Straße" (EG 127).

Für viele Christen und Christinnen ist das ungewohnt. Manche fühlen sich nicht kompetent genug; sie haben den Eindruck, dass ihnen die richtigen Worte fehlen, um von Gott sprechen zu können. Sie überlassen diese Aufgabe deshalb lieber den hauptamtlich Tätigen. Andere befürchten, auf Ablehnung, auf peinliches Schweigen oder auf gelangweiltes Desinteresse zu stoßen, wenn sie sich mit ihrem Glauben „outen". Wer z. B. seinen Nachbarn sagt, dass er gerade auf dem Weg zum Gottesdienst ist, muss auf Reaktionen dieser Art gefasst sein. Denn in der öffentlichen Meinung gilt Religion meist als Privatsache. Ins Private ziehen sich auch manche Gläubige zurück; sie haben Hemmungen, über etwas so Persönliches wie ihren Glauben zu sprechen.

Solche Vorbehalte und Hürden zu überwinden, gehört für Madeleine aber zur Basis-Aufgabe jeder christlichen Gemeinschaft und jedes und jeder einzelnen Getauften – und „diese Aufgabe geht nicht über unsere Grenzen" (OC XII 193).

Es gehört zutiefst zu einer „Kirche im Aufbruch“, in diese Aufgabe hineinzuwachsen bzw. Menschen darin zu bestärken.

> Denn es ist unser Auftrag, „eine Nachricht zu vermitteln, die absolut neu ist: eine Neuigkeit, die sich diejenigen, denen wir sie mitteilen, gar nicht vorstellen können. Eine aktuelle Nachricht im Sinne des Journalismus. Ein *Ereignis, das alle betrifft* und das sie *heute* betrifft“ (OC XII 206).

Es ist eine gute Nachricht – eine, die das Leben der Menschen verändern kann. „Es braucht Zeugen der Hoffnung und der echten Freude, um die Trugbilder zu verscheuchen, die ein müheloses Glück mit künstlichen Paradiesen versprechen. Die tiefe Leere so vieler kann durch die Hoffnung, die wir im Herzen tragen, und durch die Freude, die daraus hervorgeht, aufgefüllt werden. Es ist so notwendig, die Freude kennenzulernen, die sich in dem vom Erbarmen berührten Herzen offenbart.“[57] Wie die großen Propheten des Alten Testaments haben wir eine Freudenbotschaft zu verkünden.

## Die alltäglichen Gelegenheiten nutzen

Zu dieser Verkündigung braucht es weder ein Studium noch eine ausgefeilte „Methodenkompetenz“. Der Alltag bietet genügend Gelegenheiten zur Begegnung, die es wahrzunehmen gilt.

57 Papst Franziskus, Apostolisches Schreiben „Misericordia et misera“ zum Abschluss des Außerordentlichen Heiligen Jahres der Barmherzigkeit, 3.

Für Madeleine beginnt das in der Nachbarschaft. Da begegnete sie Menschen verschiedenster Herkunft, Christen und Menschen anderer Überzeugungen. Da lebten ein geistig behinderter junger Mann, eine alleinerziehende Mutter, ein pensionierter Professor. Da lebten vor allem die vielen Menschen, die die Kommunistische Partei gewählt haben und keinen Bezug zur Kirche hatten. Für sie alle wurde ihr Haus zum „Haus der offenen Tür". Jeder Tag brachte neue Begegnungen und verlangte von Madeleine Delbrêl und ihren Gefährtinnen oft ganz viel Improvisation.

> Dabei *„nichts mehr und nichts weniger* als die Verkündigung dessen auf dem Programm haben, was das Evangelium ausmacht. Allen Plänen, Taktiken und Methoden eine realistische Sicht der Möglichkeiten und Wege vorziehen, wie sie sich aus den konkreten Lebensbedingungen, Umständen und Ereignissen ergeben.
> Für viele von uns besteht das ‚Geht!' des Herrn darin, eine kontaktlose Nachbarschaft in echte Nähe zu einem wahren Nächsten zu verwandeln.
> Die Wege zu nutzen, die der Herr längst vorgegeben hat, anstatt eigene zu erfinden.
>
> Die alltäglichen Gelegenheiten als Programm nehmen. Das bedeutet eine Verkündigung, die sich ganz auf die gegebenen Tatsachen und Umstände einlässt, was eine hohe, demütig-hörende Aufmerksamkeit erfordert; ein Gespräch, das bereit ist, fortgesetzt und zu Ende geführt zu werden, aber auch unterbrochen und anderen anver-

traut zu werden, in der Hoffnung auf Gottes Treue" (OC VIII 137; NK 244).

## In anderen den Bruder und die Schwester erkennen

Damit es wirklich zu einem Gespräch kommen kann, braucht es ein Klima des Vertrauens, in dem die Menschen das Gefühl haben, als Person wahrgenommen zu werden. In dem sie nicht auf die Rollen oder Funktionen reduziert werden, die ihnen im Alltag oft zugeschrieben werden. In dem sie auch nicht nach Herkunft, Milieu, politischen oder religiösen Überzeugungen eingeordnet werden. Solche „allgemeinen Ideen führen oft am meisten in die Irre" (OC VIII 21), schreibt Madeleine, denn man kann den Menschen dann nicht mehr als denen begegnen, die sie wirklich sind.

> „Die Welt zwingt uns, wir selbst plus etwas anderes zu sein: Familie, Beruf, Nationalität, Rasse, Klasse ... Sie ordnet uns gewaltsam in ein Schema ein. Sie beurteilt uns nach dem, was wir können oder worin wir versagen, was aber dennoch nicht uns selbst ausmacht" (OC IX 227f.; NK 140).

Ein Klima des Vertrauens entsteht, wenn Menschen spüren: Hier interessiert sich jemand wirklich für mich – ohne Hintergedanken, ohne mich zu vereinnahmen, ohne mich zu beurteilen oder gar zu verurteilen.

> „Damit jemand überhaupt zuhören kann, muss man ihn als seinen Nächsten behandeln. Manchmal atmen Men-

schen dieselbe Luft wie wir, ihre Schuhe betreten dieselbe Treppe wie wir, und dennoch sind sie von dem ausgeschlossen, was sie zu unseren Nächsten macht. Sie bleiben Nachbarn, sind aber nicht unsere Nächsten. Man sieht sie nicht wirklich. Man sieht das Äußere: den Kapitalismus, Kommunismus, die Meinung zum Krieg oder zu einer Regierung – man sieht nicht mehr die einzelnen Menschen, die sie sind, unsere rechtmäßigen Brüder und Schwestern“ (OC XII 194).

## Einander auf Augenhöhe begegnen

Einander in diesem Sinne als Brüder und Schwestern zu erkennen, heißt auch, einander auf Augenhöhe zu begegnen.

> „Ein Mensch, der zu einem anderen Menschen spricht, ein freier Mensch zu einem freien Menschen, ein freies Menschenherz, das ein anderes freies Menschenherz anruft“ (OC VIII 218; NK 213).

Für uns Christen bedeutet das zunächst, als Person präsent zu sein, und zwar als jemand, der mit beiden Beinen in der Wirklichkeit steht und das alltägliche Leben der Menschen teilt, der „Luftgebilde nicht mit Realität verwechselt“ (OC VIII 216; NK 211). Madeleine erfährt, dass es für ihre Umgebung zur Glaubwürdigkeit gehört, „nicht auf sich selbst zurückgekrümmt“, sondern für all das wach zu sein, was die

Menschen interessiert und bewegt, „angefangen von der Arbeitslosigkeit eines Einzelnen bis zu einer öffentlichen Katastrophe, vom Einsturz eines Bergwerks bis zum Algerienkrieg“ (OC VIII 140; NK 246f).

Begegnung auf Augenhöhe bedeutet aber noch mehr. Auf einer Afrikareise wird Madeleine schmerzhaft bewusst, dass ihre Nächstenliebe bisher ein „Gefälle“ aufwies: dass sie in Gefahr war, die Menschen „von oben herab“ zu behandeln, und sei es auf noch so subtile Weise. Denn wenn wir eine Liebe praktizieren, „die sich das Recht herausnimmt zu bemuttern, zu erziehen, zu bessern, so schlittern wir vom festen Boden der Wirklichkeit weg: Wir sind nicht mehr Brüder und Schwestern“ (OC VIII 150; NK 253).

Als Heilmittel gegen jede Art von Überlegenheitsempfinden empfiehlt Madeleine zweierlei:

Zum einen gilt es zu erkennen, dass in einer echten Begegnung immer beide Seiten sowohl Gebende als auch Nehmende sind. Dass wir als Christen diejenigen sogar brauchen, die nicht an Gott glauben oder die das Leben anders deuten als wir. Denn sie brechen unsere vermeintliche Sicherheit auf; sie erweitern unseren Horizont und bringen uns dazu, uns tiefer mit unserem eigenen Glauben auseinanderzusetzen.

Zum anderen müssen wir uns klarmachen, dass Gott *alle* Menschen geschaffen hat und sie liebt – und dass Jesus Christus für *alle* gestorben und auferstanden ist. Nur so kommen wir auf den Boden der Tatsachen. Christen sind deshalb den anderen gegenüber „ohne Privileg, ohne Rechte, ohne Besitz, ohne Überlegenheit. Sie sind sanft, weil sie mit feinfühligem Respekt auf das schauen, was Gott gewirkt hat und was verwundet ist, was gewaltsam verletzt wurde. Sanftmütig, weil sie selbst Opfer des Bösen und von ihm befleckt sind. Als Leute, denen vergeben wurde, sind sie berufen – nicht als Unschuldige" (JC 107; GwL 111f.). Dann aber kann unsere Liebe nur eine „geschwisterliche Liebe zu denen" sein, „die wie wir geschaffen und erlöst und damit unsere Brüder und Schwestern sind" (JC 123; FG 94).

## Auf das Hoffen der Menschen lauschen

In dieser Lebenshaltung lernen wir auch, die Sehnsucht und die Hoffnung anderer wahrzunehmen und uns davon etwas sagen zu lassen.

> „Wir beachten zu wenig, dass die Frohe Botschaft des Evangeliums auf den Lippen des Herrn immer durch Worte vermittelt wird, die sich an das Hoffen der Herzen, an das Hoffen der Menschen richten ... Wenn wir die Menschen anreden, dann will der Herr nicht, dass wir weniger menschlich seien als er, dass wir die Hoffnung weniger achten als er. ... In seiner Schule lernen wir, mit unserem Herzen auf die Herzen der anderen, auf das Hoffen ihrer Herzen zu lauschen. Wir lernen darin das zu erkennen, was eine Vorwegnahme der christlichen Hoffnung ist ... Wenn der Herr den Kommunisten begegnet wäre, hätte er sie beim Namen gerufen und zugleich nach ihren Hoffnungen befragt" (OC XII 308; NK 231).

Auch das ist eine Weise, aus sich heraus an die „Ränder“, an die „Peripherien“ zu gehen. „Peripherie hat eine negative Bedeutung, aber auch eine positive. Weißt du warum? Weil man die Realität insgesamt nicht besser vom Zentrum her versteht, sondern von den Peripherien her. Man versteht sie besser“ (Papst Franziskus).[58]

Man versteht besser, wer die Menschen sind, denen man begegnet; man versteht ihren Hunger nach Leben, nach Frieden und Gerechtigkeit. Man versteht aber auch Gott besser: seine Sehnsucht zu heilen und zu befreien. Und man ahnt, wo die Ansatzpunkte liegen könnten, um den Kontakt zwischen Gott und den Menschen „wiederherzustellen“, für die Gott keine Rolle spielt.

> „Wir müssen uns der Bruchstellen zwischen den Menschen und dem Mysterium des Seins bewusst werden. Die Brücke Mensch-Erde ist eingebrochen. Wir müssen uns aber der Brückenköpfe bewusst werden, die es noch gibt, auf sie hinweisen, sie aufzeigen.
> Der erdgebundene Mensch versteht es, mit den Gesetzen des Ackerbaus umzugehen; diese Gesetze führen seinen Geist zu etwas Größerem als er selbst, auch wenn er kein Christ ist ... Eine Orientierung gleicher Art wäre wiederherzustellen zwischen jedem Menschen und dem Mysterium der Wirklichkeit, mit dem er – ausgehend von seiner Wirklichkeit – im Kontakt ist“ (OC VIII 80; NK 109).

58 Papst Franziskus, Predigt am 26.5.2013.

Deshalb ist es für Madeleine ganz zentral, aufmerksam auf das zu hören, was andere Menschen bewegt, was sie suchen und wovon sie überzeugt sind. Sie möchte ihre Mentalität und ihre Sprache verstehen, um zu erkennen, „was sie mit ihren Worten meinen, und um zu wissen, welche Worte ihnen nichts sagen“ (OC XII 205).

> „Die Wörter, die in einem bestimmten Milieu verwendet werden, der Sinn, den sie dort haben, enthüllen, aus welchen Wirklichkeiten oder Ersatz-Wirklichkeiten dieses Milieu lebt. Eine solche Kenntnis der Sprache ist nichts Abstraktes. Sie ist nur möglich, wenn das Leben dieses Milieus unser Fühlen und Denken wirklich beeinflusst hat, sodass wir wahrnehmen und geradezu kosten können, was sich jeder dieser unserer Nächsten an wahrhaft Gutem wünscht, gegen welches wirkliche Übel er sich wehrt, wogegen er sich aufbäumt oder woran er verzweifelt“ (OC IX 225; NK 137).

Bei Menschen, die getauft sind, aber keinen Bezug zur Kirche haben, gibt es vielleicht Erinnerungen oder Erfahrungen, an die man anknüpfen kann, und mit überzeugten Atheisten kann man sich inhaltlich auseinandersetzen. Am schwierigsten ist – so auch die Erfahrung Madeleines – das Gespräch mit Menschen, die „vergessen haben, dass sie Gott vergessen haben“.

Für sie ist jede religiöse Sprache eine Fremdsprache. Selbst der Tod löst keine Fragen mehr in ihnen aus, wie Madeleine erfahren hat: „Mir scheint, dass dieser radikale

Atheismus selbst angesichts des Todes keinen Raum für Fragen lässt“ (OC XII 17). Wenngleich viele biblische Themen und Begriffe seit Langem zum Wortschatz unserer europäischen Kulturen gehören, wissen die meisten Menschen nicht mehr, was sie bedeuten. Vieles scheint irrelevant zu werden. Welche Bedeutung haben z. B. die Zehn Gebote in einer „postfaktischen“ Zeit bzw. in einer Zeit sogenannter „alternativer Fakten“? Und wie soll man einem Menschen, für den Gott keine Rolle spielt, erklären, was Beten heißt? Oder was Christen mit Worten wie „Himmel“ oder „Ewigkeit“ verbinden?

Auf solche oder ähnliche Schwierigkeiten ist Madeleine bereits vor vielen Jahrzehnten gestoßen, bei Kommunisten wie bei religiös Indifferenten.

> „Das Wort ‚Gott‘ – und alles, was man damit verbindet – wird im kommunistischen Milieu nicht nur das Unübersetzbare schlechthin, sondern darüber hinaus das Gegenteil jeder noch so menschlichen Vorstellung von Gott“ (OC VIII 141f.; NK 247).

## Sich der eigenen Erfahrungen mit Gott bewusst werden

Zugleich ist es auch für viele Christen schwierig geworden, die Sprache des Glaubens in ihr alltägliches Leben zu übersetzen. Denn diese ist oft „eine tote Sprache“ geworden.

> „Wir sollten auch wissen, wie unangepasst das lehrmäßige Vokabular ist, in dem normalerweise die menschlichen Grundlagen eines ‚Gottglaubens' in Worte gefasst werden. Dieser ist uns oft in einer toten Sprache nahegebracht worden, genauer gesagt: in der Sprache von längst gestorbenen Leuten. Einer Sprache, die keine Worte hat, um auszudrücken, was in der heutigen Welt die Spuren Gottes sind" (OC VIII 141f.; NK 247).

Deshalb ist es für Madeleine ganz wesentlich, die Spuren Gottes im eigenen Leben zuerst einmal *zu erkennen*. „Im Leben eines jeden Christen gibt es genug an Erfahrung, um über Gott in einer ganz persönlichen Sprache zu sprechen, wenn diese Erfahrung nur richtig wahrgenommen wird."[59] Sie hat mit einer „Bewegung des Herzens"[60] zu tun, die durch Begegnungen, Ereignisse, Worte und Gedanken ausgelöst werden kann, durch Helles und Dunkles, durch Freude und Trauer. Eine Bewegung, in der man spürt: *Ich* bin gemeint – bis dahin, dass man ahnt: Das habe ich jetzt zu tun, und das muss ich jetzt lassen.

Christen und Christinnen können einander helfen, solche Erfahrungen zu erkennen und zu deuten. Sie können einander bewusst machen, dass Gott nicht nur ein „Tätigkeitswort", sondern auch ein „Wirkwort" ist, dass die „Nennung seines Namens" uns „erschüttern, beglücken, bekehren" will.[61]

---

59 Kursbuch, 2.

60 Kursbuch, 24.

61 Andreas Knapp, Die Erdichtung Gottes: www.feinschwarz.net/die-erdichtung-gottes-poetische-annaeherungen/#more-1934.

Dann ist der Glaube an Gott keine „fremde Zutat“ zum alltäglichen Leben, sondern er trägt und verwandelt dieses Leben zuinnerst. Er ist, wie Madeleine schreibt, geradezu das „‚Know-how‘ des Lebens“ (JC 177; GwL 109).

Daraus kann eine Hoffnung erwachsen, die Licht auf alles wirft, was man erlebt und was einem zugemutet wird, auf das Gelingen wie auf das Scheitern; eine Hoffnung, die in alldem gelassen machen kann und die auch Leiden, Sterben und Tod umfasst.

Um diese Hoffnung geht es dann letztlich im Dialog mit anderen Menschen. „Dein Herz weiß, dass das Leben ohne [Gott] nicht dasselbe ist. Was du entdeckt hast, was dir zu leben hilft und dir Hoffnung gibt, das sollst du den anderen mitteilen“ (EG 121).

## Den Glauben in Worte fassen

Im Dialog mit anderen ist es wichtig, eine einfache Sprache zu sprechen, von persönlichen Erfahrungen zu erzählen, anstatt einen theoretischen Vortrag zu halten. Vom Geheimnis Gottes werden wir immer nur so sprechen können, wie wir auch von unserer Liebe und unserer Freundschaft sprechen: tastend, stammelnd, in Bildern, die das Unsagbare aufscheinen lassen.

> „Um das Evangelium zu verkünden, wird man dieses Unübersetzbare umkreisen, sich ihm annähern, es zusammenfassen, erahnen lassen müssen. Man wird es bezeugen müssen durch eine ganze Lebenshaltung, durch die

> Entscheidungen, die man trifft, durch Taten, die Jemanden voraussetzen – unsichtbar, aber lebendig, unberührbar, aber wirkend“ (OC VIII 141f.; NK 247).[62]

Als Beispiel für eine gelungene Übersetzung des Unübersetzbaren nennt Madeleine die französische Sängerin Edith Piaf, der sie innerlich sehr nahe stand:

> „Wenn Sie eine Unterrichtsstunde in guter Aussprache nehmen wollen, empfehle ich Ihnen zum Beispiel, Edith Piaf zuzuhören, wie sie die ‚Hymne an die Liebe‘ singt. Worte wie ‚Ewigkeit‘, ‚Unendlichkeit‘, ‚Gott‘, ‚Himmel‘ erhalten durch ihre Stimme einen verständlichen, offenkundigen Sinn“ (OC VIII 217; NK 212).

Letztlich ist es die Sprache Jesu selbst, die das Herz eines jeden Menschen am tiefsten erreichen kann; und diese Sprache ist die der Güte.

> „Vergessen wir eines nicht: Auch wenn die von uns verkündete Botschaft in den Ohren unserer Brüder und Schwestern wie eine Neuigkeit von großer Aktualität erklingt, ist damit noch nicht gesagt, dass sie eine *Gute* Nachricht ist. Eine Nachricht, die denen *gut* erscheint, die sie hören. Als gut wird sie dann erscheinen, wenn sie von jemandem verkündet wird, der die Gebärden der Güte Jesu Christi vollzieht – sichtbare und unsichtbare“ (OC VIII 218; NK 213).

62 Vgl. oben S. 75f.

Denn „ohne Bezug zu Gott ist unser Glaubenszeugnis ein Gegen-Zeugnis; ohne realistische, bis zur barmherzigen Liebe ausgeweitete Güte ist es aber, als gäbe es gar kein Zeugnis, denn es ist außerhalb des Gesichtskreises, der Ohren, der Hände, der Herzen der Menschen" (NA 154; NK 137).

*„Weil deine Worte, o Gott, nicht dazu da sind,*
*tatenlos in unseren Büchern zu bleiben,*
*sondern uns in Besitz zu nehmen*
*und in uns die Welt zu durcheilen,*
*so gib, dass von diesem Feuer der Freude,*
*das du einst auf einem Berg entzündet hast,*
*von dieser Belehrung, glücklich zu sein,*
*Funken uns erreichen und in Brand setzen,*
*uns ermächtigen und überwältigen,*
*damit wir, von ihnen angesteckt*
*wie Zunder im Stoppelfeld,*
*die Straßen der Stadt durchlaufen,*
*den Wogen der Menge entlang,*
*sie anstecken mit Seligkeit,*
*sie anstecken mit Freude."*

OC III 79; GwL 30, vgl. den gesamten Text im Anhang S. 232f.

# Die Herzensgüte ist die Sprache des Evangeliums

Wirklich verkündet wird das Evangelium nur, „wenn die Christen, die es verkünden, aus aller Kraft danach streben, ein gutes Herz zu haben“ (OC VIII 149; NK 252f.). Doch die Worte „gut“ und „Güte“ sind im heutigen Sprachgebrauch eher selten geworden. Im sozialen Bereich wird „Güte“ oft durch andere Begriffe ersetzt, z. B. „Solidarität“, „Anständigkeit“ oder „Gerechtigkeit“. Oder man setzt auf „effiziente“ Maßnahmen, um anderen Menschen zu helfen.

> „Diese Maßnahmen kämpfen wirksam gegen das Leiden und erleichtern es. Aber sie ersetzen noch nicht die Güte. Der Mensch bleibt die Nummer 99 der Kategorie Z, unter Berücksichtigung des Paragraphen A der Verordnung Nr. 7“ (OC VIII 147; NK 251).

> „Es wird einem klar, welch trockenes Brot die Gerechtigkeit ist, wenn die Güte ihr nicht vorausgeht oder wenn sie nicht von Güte begleitet ist … Nicht Jacques oder Jean wird dann in seinem Unglück oder in seinem Glück geholfen, sondern seinen Lebensumständen, seiner Situati-

> on. Kollektive Maßnahmen regeln kollektive Kategorien. Ich will mich hüten, das zu kritisieren, was die Gesellschaft hier an Gerechtigkeit verwirklicht ... Ich will nur sagen, dass die Güte etwas anderes ist und etwas anderes tut“ (OC IX 227; NK 140).

Als Sozialarbeiterin wusste Madeleine, wie schwierig es gerade in den sozialen Berufen sein kann, sich jedem einzelnen Menschen so zuzuwenden, wie man es eigentlich möchte. Zu groß sind die Zwänge und der Druck, denen man als Mitarbeiter und Mitarbeiterin ausgesetzt ist. Es lag ihr deshalb fern, diejenigen zu kritisieren, die sich professionell für andere Menschen einsetzen. Sie wollte aber darauf aufmerksam machen, dass es oft wirtschaftliche oder politische Interessen sind, die hinter solchen Zwängen stehen und die mit einem Menschenbild einhergehen können, das mit dem christlichen Menschenbild nicht vereinbar ist.

> „‚Solidarität‘, ‚Großzügigkeit‘ und ‚Einsatz für andere‘ sind im Leben Einzelner von einer blinden Gleichgültigkeit für die Vielzahl menschlicher Wesen begleitet; im Wirtschaftsleben von einem unerbittlichen Zynismus, in der Politik von Grausamkeit, im internationalen Leben von einer ungeheuerlichen Verachtung für den Hunger der anderen, den Tod der anderen, die leibliche oder seelische Unterdrückung der anderen. Das Herz der Menschen unserer Zeit erstickt langsam und heimtückisch durch die universale Abwesenheit der Güte“ (OC IX 229; NK 138).

In den sozialen Netzwerken unserer Zeit bekommen diese Beobachtungen noch einmal eine ganz eigene Brisanz. Viele Menschen lassen ihren „Wert" über Facebook, Instagram und andere soziale Netzwerke bestimmen. „Unser Selbstwertgefühl hängt davon ab, dass wir für andere, die uns wichtig sind, von Bedeutung sind und dass das, was wir tun, von unserer Umgebung geschätzt wird. Doch der Mahlstrom der globalen Ich-Börse macht ein stabiles Selbstgefühl fast unmöglich. Teenager bangen, dass sie nicht genug Facebook-Likes erhalten; Studenten fürchten, keinen Job in einem der prominenten Konzerne zu erhalten; Akademiker müssen in Journalen publizieren, die 95 Prozent der eingesandten Artikel zurückweisen, und Journalisten wissen, dass die Anzahl der Klicks auf ihren Artikeln ihre Zukunft bestimmen kann. Kein Wunder, dass es immer schwieriger wird, der Angst vor der Bedeutungslosigkeit zu entkommen."[63]

Auch hier trifft es zu: Durch den Mangel an Güte droht das menschliche Herz zugrunde zu gehen. Die Begegnung mit einem wirklich gütigen Menschen ist hingegen wie eine „Sauerstoffzufuhr für die Herzen" (NA 155; NK 139). Etwas Lebensnotwendiges wird ihnen zurückgegeben. Menschen erfahren, dass ihnen eine Würde zukommt, die jenseits des „Marktwerts" liegt, auf den sie sich oft reduziert sehen.

Die Güte ist aber nur dann authentisch, so Madeleine, wenn sie – mehr oder weniger bewusst – von Gott kommt, wenn sie ein Widerschein der Güte Jesu ist. Es ist für Christen deshalb eine „unausweichliche und unaufhörliche Stan-

---

63 Carlo Strenger, Wie viele Likes der Mensch braucht, 21.

despflicht, die Güte Christi nachzuahmen: diese menschliche Übersetzung der göttlichen Liebe“ (OC XII 307; NK 231).

Jesus Christus geht es um den einzelnen Menschen mit seiner Geschichte, mit seinem Leiden und mit seiner Hoffnung. Vor allem diejenigen haben es ihm angetan, die „unter die Räder gekommen sind“, die am Rand der Gesellschaft stehen. Ihnen wendet er sich von Angesicht zu Angesicht zu, sie berührt er, sie will er heilen und von allen Lasten befreien. Wenn er von Gott spricht, wird das nicht nur hörbar; es wird fühlbar, es wird konkret erfahrbar – an Leib und Seele.

> Das Evangelium „wird anschaulich ... durch die Gebärden Christi, eine gute Nachricht, die man berührt, die man ertastet hat, wie Johannes sagt, weil sie durch menschliche Gebärden vermittelt wurde“ (OC XVII 215; FG 33).
> Und deshalb möge Jesus Christus „uns lehren, anderen zuzuhören, zu ihnen zu sprechen, sie anzuschauen, mit seinen Ohren, seinem Mund, seinen Augen. So gehen wir auf erstaunliche Weise in seine Herzensgesinnung ein“ (IA 48; LU 43).

Und so wird unser Glaube konkret, dass Gott in Jesus Christus Mensch geworden ist. Deshalb ist es ohne Güte und ohne Barmherzigkeit nicht möglich, Menschen mit dem Geheimnis Gottes wirklich in Berührung zu bringen. Für Madeleine steht und fällt damit jede Art der Verkündigung des Evangeliums.

> „Wenn Menschen die Frohe Botschaft von A bis Z gehört haben, ohne wenigstens ein Mal mit der Güte Jesu geliebt

> worden zu sein, sind sie nicht wirklich mit dem Evangelium in Kontakt gekommen" (OC XII 209).

Hier wird sowohl einer vom Leben der Menschen entfernten Verkündigung als auch (und vor allem) einer hartherzig-engen Auslegung biblischer Weisungen eine klare Absage erteilt. Madeleine weiß aus ihrer eigenen Lebensgeschichte, dass es letztlich weder intellektuelle Erwägungen noch moralische Forderungen sind, die das Herz auf Gott hin öffnen. „Am Anfang des Christseins steht nicht ein ethischer Entschluss oder eine große Idee, sondern die Begegnung mit einem Ereignis, mit einer Person, die unserem Leben einen neuen Horizont und damit seine entscheidende Richtung gibt."[64]

Das bedeutet dann aber auch: Begegnungen enthalten jederzeit das Potenzial, dass Menschen sich auf Gott hin in Bewegung setzen können, und zwar *alle* Menschen – auch und gerade diejenigen, die Gott leugnen oder für die er keine Rolle spielt. Mögen sie sich selbst auch als atheistisch oder indifferent bezeichnen: aus der Perspektive des Glaubens sind sie wie alle Menschen Geschöpfe Gottes und damit im Grunde auch „gott-fähig". Davon ist Madeleine zutiefst überzeugt. In jedem Menschen gibt es die Sehnsucht nach Liebe, nach erfülltem Leben – mag sie noch so unbewusst sein, mag sie noch so sehr zum Schweigen gebracht worden sein.

> „Das Herz eines Kommunisten bleibt ein menschliches Herz, von Gott auf Gott hin geschaffen, geeignet, sich

64 Papst Benedikt XVI., Enzyklika *Deus caritas est*, 1.

> von Gott anrufen zu lassen, bereit, Gott zu lieben; ein menschliches Herz, das von vornherein von Gott bewohnt ist und das auch dann, wenn es Gott leugnet und nichts davon weiß, mit ihm in Kontakt ist“ (OC VIII 149; NK 252).

Einem solchen Herzen kann man den Glauben manchmal nicht mit Worten nahebringen bzw. anbieten – erst recht nicht, wenn man gar nicht danach gefragt wird. Was aber immer möglich ist: einem anderen Menschen so zu begegnen, wie Jesus ihm begegnen würde: in großer Freiheit, ohne „Hintergedanken“, ohne ihn in vordergründiger Weise „missionieren“ zu wollen – und zugleich so zugewandt, dass der oder die andere spürt: Hier geht es wirklich um mich, hier werde ich wirklich gesehen.

> Dabei wird uns aber letztlich „nichts auf der Welt ... Zugang zum Herzen unseres Nächsten verschaffen – außer der Tatsache, dass wir Christus den Zugang zu unserem eigenen Herzen gewährt haben“ (OC VIII NK 253).

Auf geheimnisvolle und niemals „machbare“ Weise kann es dann geschehen, dass wir trotz unserer eigenen Begrenztheit zu einer „Übergangsstelle der Gnade“ werden (OC XIII 176; FG 21), sodass der Mensch, dem wir begegnen, durch uns mit der Liebe Gottes in Kontakt kommen und sich unmerklich auf ihn hin ausrichten kann. Je mehr wir uns selbst der Liebe bewusst sind, mit der Gott uns liebt, desto mehr findet der Heilige Geist im Herzen anderer Menschen einen „Nährboden", in dem er wirken kann, wie Papst Franziskus einmal sagte.[65]

> „Die Herzensgüte, die von Christus herkommt, von ihm geschenkt wurde, ist für das Herz eines ungläubigen Menschen eine Vorahnung Gottes selber.
> Für ein ungläubiges Herz hat sie den unbekannten Geschmack Gottes; sie macht es fühlsam auf die Begegnung mit ihm hin. Sie ist für ihn etwas Ungewohntes und steht in Verbindung mit dem absolut Ungewohnten, das Gott für ihn ist. Sie weckt und befragt die dämmernden Kräfte seines Herzens, Kräfte, die ihm unbekannt sind, deren lebendige Wirklichkeit er aber zugeben muss.
> Sie verbündet sich mit dem, was im Herzen eines Ungläubigen sowohl das Einsamste wie auch das am meisten Geeignete ist, sich ganz im Innern zu Gott als einer Möglichkeit hinzuwenden" (OC VIII 150; NK 252).

Eine solche Begegnung erfordert eine große Behutsamkeit. Wenn Jesus Menschen begegnet, dann heilt er sie, dann gibt er ihnen zu essen oder lässt sich von ihnen einladen, dann vergibt er ihnen ihre Sünden – ohne dass sie alle seine Jünger und Jüngerinnen werden müssten. Die meisten entlässt er wieder in ihr bisheriges Leben. Es ist nur eine relativ kleine Schar, der er aufträgt, das Reich Gottes mit ihm zusammen „auszusäen" und dafür zu sorgen, dass diese Aussaat weitergeht.

---

65 Audienz am 13.10.2016 anlässlich der Pilgerfahrt „Mit Luther zum Papst".

Dazu ist Kirche da, dazu sind wir alle als getaufte Christen und Christinnen da. Es liegt aber nicht in unserer Hand, was daraus werden soll. „Wir wissen nur, dass das, was Gott gegeben wurde, nicht verloren gehen kann“ (JC 65). Ähnlich schreibt Papst Franzikus: „Das Wort Gottes trägt in sich Anlagen, die wir nicht voraussehen können. Das Evangelium spricht von einem Samen, der, wenn er einmal ausgesät ist, von sich aus wächst, auch wenn der Bauer schläft ... Die Kirche muss diese unfassbare Freiheit des Wortes akzeptieren, das auf seine Weise und in sehr verschiedenen Formen wirksam ist, die gewöhnlich unsere Prognosen übertreffen und unsere Schablonen sprengen“ (EG 22).

Darin liegt eine große Provokation, die aber wiederum auch entlastend sein kann: So wie Jesus am Ende seines Lebens menschlich gesehen kaum „Erfolge“ vorweisen konnte, so wird auch von uns nicht verlangt, messbare „missionarische Erfolge“ zu erzielen. Sicher ist aber: „Wir müssen alles tun, damit die Menschen, wenn sie uns begegnen, der Güte Jesu Christi begegnen“ (OC XII 307; NK 231). Sicher sind deshalb unsere „Missionen in der Wüste, Missionen, die nicht fehlschlagen, Missionen, die gesichert sind, in denen man Gott mitten in der Welt aussät, in der Gewissheit, dass er irgendwo keimen wird“ (OC VII 87f.).[66]

66 Vgl. den gesamten Text im Anhang S. 234–236.

*„Ich wünschte mir, dass wir, die wir hier sind, wenigstens ein Mal im Leben die Gute Nachricht von Gott so kraftvoll, so leidenschaftlich und mit einer solchen Herzensgüte verkünden, dass es sich ins Gedächtnis dessen eingräbt, dem wir sie verkündet haben, ja, dass er so etwas wie Heimweh danach empfindet. Und dass sich dieser Mensch dann eines Tages – wenn wir schon gar nicht mehr da sind und ohne dass irgendjemand etwas davon weiß – aus dieser Erinnerung heraus intuitiv an Gott wendet. Dass er sein Herz dem lebendigen und liebenden Gott zukehrt, den er durch uns kennengelernt hat. An jenem Tag werden wir für diesen Menschen das höchst Mögliche getan haben, denn durch uns wird er freien Herzens Verbindung mit Gott aufgenommen haben."*

Schluss eines Vortrags von Madeleine Delbrêl, 1961, OC XII, 255f.

# Man schreit in der Nacht, wie könnten wir schlafen?

## Ein Schrei steigt auf aus der Welt

Eine „Kirche im Aufbruch" zu sein bedeutet für Madeleine auch, soziale und politische Verantwortung zu übernehmen. Sie ist davon überzeugt, dass sich das Wort Gottes auf die gesellschaftlichen und politischen Verhältnisse auswirken muss. Denn „Gott erlöst nicht nur die Einzelnen, sondern auch die sozialen Beziehungen zwischen den Menschen".[67] Deshalb versucht Madeleine auf verschiedene Weise, Einfluss auf das Zeitgeschehen zu nehmen.

Ihr Leben lang sah sie sich auf der Seite der Armen und Benachteiligten. Das spiegelt sich schon im Lebensstil ihrer kleinen Gemeinschaft wider: Sie und ihre Gefährtinnen lebten in einfachen Mietwohnungen, die der Stadt gehörten. Das, was sie durch ihre Berufstätigkeit an Geld verdienten, haben sie mit dem durchschnittlichen Gehalt ihrer Nachbarn abgeglichen; was darüber lag, haben sie weggegeben. Vor allem

67 Päpstlicher Rat für Gerechtigkeit und Frieden, Kompendium der Soziallehre der Kirche, 52.

aber ging es ihnen darum, den „Schrei der Armen" an sich heranzulassen.

> „Der Schrei des Todes und der Schrei der Liebe werden niemals verstummen. Wir wissen aber auch, dass es heilbare Schreie gibt, für die unser Tun und Unterlassen verantwortlich ist" (OC III 93; NK 91).[68]

Zu diesen „heilbaren Schreien" gehört für Madeleine auch der Schrei, in dem sich das Elend unzähliger Menschen in den Pariser Vorstädten ausdrückte.

> „Ein Wir-Selbst, dem wir eines Tages die Anweisung geben, in die Gesellschaft einzutauchen, als sähe es sie zum ersten Mal, als sähe es zum ersten Mal eine Straße und ihre Passanten, die Pariser Quartiere, die Metro um sieben Uhr abends, die Aufzüge und Rolltreppen, Kinder, die alles haben und Kinder, die nichts haben. – Wenn wir aus einer solchen neugewagten Begegnung mit der sozialen Maschinerie beruhigt und befriedigt herauskommen, so mögen wir unser Leben fortsetzen, wie wir es begonnen haben.
> Wenn sie uns aber unruhig und beschämt zurücklässt, dann sollten wir den Mut haben zu ermessen, was unser Leben, das unzähligen anderen gleicht, durch passive Mitwirkung zur chronischen Gewaltsamkeit beiträgt, unter der die Menschheit leidet – und in dieser Menschheit Millionen von Wesen, die uns gleich sind. Vielleicht

68 Vgl. den gesamten Text im Anhang S. 236f.

> wird dann die gesellschaftliche Zelle, für die wir verantwortlich sind, zu heilen sein" (NK 88f.).

Nachdem sie sich zur Sozialarbeiterin hatte ausbilden lassen, kam Madeleine 1933 mit zwei Gefährtinnen nach Ivry, der Hochburg des französischen Kommunismus. Dort wurde sie mit einem Ausmaß von Armut konfrontiert, das alles überstieg, was sie sich hatte vorstellen können: „Die Ungleichheit der Lebensbedingungen, das Arbeiterleben jener Zeit – vor 1936 – bestürzten mich" (OC X 213; NK 263). Es gab nur geringen Lohn für eine oft gesundheitsschädigende Arbeit, keine Sozialversicherungen, keinen Urlaub und miserable Wohnverhältnisse.

Und andererseits schienen die Christen vor Ort „an die Fakten, die mich bestürzten, völlig gewöhnt zu sein. Die drei Fabriken, die die geringsten Löhne zahlten, hatten als Arbeitgeber und Besitzer ortsansässige Katholiken. In Ivry und Umgebung bauten die ‚christlichen' Fabriken die Kirchen" (OC X 213; NK 263).

Diese Gleichgültigkeit hat Madeleine zutiefst befremdet. Immer stärker wurde ihr bewusst, wie sehr auch Christen und Christinnen durch ihren Lebensstil, ihr Kaufverhalten und einen achtlosen Umgang mit den Gütern dieser Erde dazu beitragen (oft sogar ursächlich), dass Menschen aus anderen Milieus und aus anderen Ländern unter menschenunwürdigen Bedingungen leben müssen.

> „Wenn es eine Gewalt gibt, die mit bestimmten gesellschaftlichen Revolutionen verbunden ist, so sollte sie

> nicht die bestehende, chaotische, organisierte Gewalt vergessen lassen, die zurzeit unzählige Menschenleben in der Kelter presst. Wer ein Dutzend neuer Putzlappen, eine Bluse, einen Kessel Kohle in die Hand nimmt, befleckt seine Hände immer mit Schweiß, oft mit Tränen, manchmal mit Blut. Werbung und Etiketten verhüllen die grässliche Nahrung, von der wir leben.
> Das Gewissen sagt laut ‚Nein' angesichts der internationalen Kriege. Doch es schweigt angesichts des Krieges der menschlichen Arbeit. Die Gewalt dieses Krieges ist so allgemein, so gut gelenkt, dass sie fast unsichtbar geworden ist" (OC VIII 30; NK 80).

Wer sich davon erschüttern lässt, kann „niemals das wirtschaftliche Elend so, wie es ist, für seine Brüder und Schwestern hinnehmen; er wird versuchen, es durch konkrete mitmenschliche Hilfe bis hin zu Strukturreformen zu lindern" (OC VIII 91; NK 109).

Deshalb hat sich Madeleine schon bald nach ihrer Ankunft in Ivry an einer lokalen Initiative zur Bekämpfung der Arbeitslosigkeit beteiligt, die von Maurice Thorez, dem Generalsekretär der Kommunistischen Partei, ausgerufen worden war. Bis zum Ende ihres Lebens arbeitete sie immer wieder auf kommunaler Ebene mit den Verantwortlichen der Partei zusammen – soweit dies für sie mit ihrem Glauben vereinbar war.[69]

---

69 S. dazu das nächste Kapitel: Unterscheidung der Geister.

Während der Kriegsjahre übernahm sie als Sozialarbeiterin die Organisation des gesamten Sozialdienstes in der Pariser Region. Dazu gehörte im Jahr 1940 z. B. die Unterbringung der Flüchtlinge aus dem Norden und Osten Frankreichs, die in panischer Angst vor den deutschen Truppen nach Paris flohen.

Nach dem Krieg setzte sie sich wiederholt für Flüchtlinge ein. Eine algerische Familie wohnte eine Zeit lang auf ihrem Grundstück, mit spanischen Flüchtlingen ergaben sich vielfältige Kontakte. Namentlich bekannt sind vor allem Carmen und Alberto, überzeugte Republikaner, denen die Flucht aus einem deutschen KZ gelungen war; mit ihnen gründete sie im Hinterhof ihrer Mietwohnung eine Produktionsgenossenschaft, in der beide lange Zeit ihr Auskommen hatten.

## Offen Stellung beziehen

Darüber hinaus informierte sich Madeleine täglich über das gesellschaftlich-politische Zeitgeschehen und meldete sich gegebenenfalls zu Wort, wenn sie den Eindruck hatte, dass offenkundiges Unrecht geschah.

> „Wer schweigt, bezieht Stellung. Zu einer Ungerechtigkeit zu schweigen, würde bedeuten, dass wir sie nicht erkannt hätten; dass wir nie in die üblichen Wechselfälle des Lebens verstrickt worden sind; dass wir nie Menschen – auch nicht einem einzigen – begegnet sind, dessen Leben durch vermeidbare Umstände verpfuscht wurde. Wir hätten alles, was wir anderen als erträglich

> zumuten, anstandslos und ohne Protest auch selbst ertragen müssen.
> Nicht zu sagen, was man von einem Unrecht denkt, ist im marxistischen Milieu ein Skandal im strengen Sinn des Wortes. Wenn wir nicht sprechen – weder durch Worte noch durch Taten –, verweigern wir dem anderen ein wichtiges Gut: die Aufklärung darüber, was der Glaube von den Gläubigen fordert, um Unrecht zu meiden und für Gerechtigkeit zu kämpfen“ (OC XI 124f. AdC 115).

Deshalb hat sie für Menschen Partei ergriffen, die politisch verfolgt oder ungerecht verurteilt werden. Als z. B. im Jahr 1952 in Barcelona die Verantwortlichen eines Streiks vor ein Militärgericht gestellt wurden, beteiligte sie sich an den öffentlichen Protesten, indem sie einen offenen Brief an spanische Katholiken schrieb, der durch ihre spanischen Freundinnen und Freunde verbreitet wurde. In diesem Brief rief sie zu einer klaren Stellungnahme auf:

> „So viele von uns würden gerne hören, dass Sie ... gegen eine Maßnahme protestieren, an der Sie durch Ihr Schweigen mitschuldig werden.
> Wenn man in manchen Ländern Gefangener mit den Gefangenen sein muss, muss man in anderen Ländern vielleicht den Bruch mit den Machthabern vollziehen, die Menschen ins Gefängnis bringen.“[70]

---

70 Offener Brief an die Katholiken in Spanien, März 1952, zit. bei Christine de Boismarmin, a. a. O., 94f.

Offen nimmt sie auch während des Algerienkriegs Stellung.[71] In einem Artikel, der in einer kommunistischen Wochenzeitung erschien, begründet sie, warum sie es für wichtig hält, an einer öffentlichen Versammlung teilzunehmen, in der es um die Frage eines möglichen Friedens in Algerien ging:

> „Es gibt auf dieser Welt Ereignisse, die die Erde nicht davon abhalten, sich weiter zu drehen und die die Menschen nicht umbringen; dafür muss man sich nicht interessieren. Aber wenn etwas geschieht, mag es noch so weit von uns entfernt sein, das Länder in Schutt und Asche legt, das Unheil hervorbringt und Menschen tötet, dann kann man darüber verschiedener Meinung sein, aber man hat nicht das Recht, sich überhaupt keine Meinung dazu zu bilden. Der Algerienkrieg ist so ein Faktum; noch weniger als andere haben wir Franzosen das Recht, unsere Augen davor zu verschließen. Der größte Komplize allen Unheils ist die Gleichgültigkeit. Haben wir das Recht – und da meine ich mich selbst und diejenigen, die niemanden in Algerien haben – jeden Abend schlafen zu gehen, als ob die Frau in unserer Nachbarschaft dort nicht ihren 20-jährigen Jungen verloren hätte?“ (OC IX 259).

71 Der Algerienkrieg war ein mit großer Härte von 1954 bis 1962 geführter Krieg zwischen Algerien und Frankreich um die Unabhängigkeit Algeriens.

## Armut meint nicht nur wirtschaftliche Armut

Wer den Schrei der Armen an sich heranlässt, begegnet ganz verschiedenen Gesichtern der Armut, nicht nur einer rein materiellen.

> „Dass wir uns das wirtschaftliche Elend der Massen bewusst machen, darf nicht dazu führen, dass wir andere Formen des Elends übersehen, dass wir uns nicht für sie interessieren. Das Erbarmen Christi für die Armen ist in ein Erbarmen eingebettet, das jegliches menschliches Unglück umfasst. Es ist Erbarmen mit den Sündern, Erbarmen mit den Kranken, Erbarmen mit denen, die um ihre Toten weinen, Erbarmen mit den Gefangenen, Erbarmen mit allem, was klein und gering ist.
> Weil der Begriff der Armut materialisiert ist, sind wir sehr oft in der Gefahr zu vergessen, dass es andere Arme gibt als die wirtschaftlich Armen, andere Kleine und Geringe als die Proletarier. Es gibt moralisch oder psychisch Geschädigte. Es gibt die an Talenten, Anziehungskraft, Liebe Armen. Neben den unterdrückten Klassen gibt es die ‚Nicht-Klassifizierbaren'" (OC VII 198; NK 103).

Den Armen die Frohe Botschaft verkünden, das bedeutet dann, sich an ihre Seite zu stellen, sie kennenzulernen, auf sie zu hören, um so zu erkennen, was sowohl ihrem leib-seelischen als auch ihrem geistlichen Wohl dient. Von Gott her kann es keine Spaltung dieser Ebenen geben: Immer geht es um den ganzen Menschen.

> „Die Liebe Christi ist persönlich, er ‚ruft jeden und jede mit Namen', er ruft keine Kategorie ... Wir müssen diese Liebe von Person zu Person wiederfinden" (OC VII 199; NK 103).

## Armut zu leben ist eine echte kirchliche Aufgabe

Wer sich so den Armen zuwendet, kommt durch sie mit Jesus Christus in Kontakt. „Es ist nötig, dass wir alle uns von ihnen evangelisieren lassen", um sie so „in den Mittelpunkt des Weges der Kirche zu stellen" (EG 198).

> „Die konkrete und evangeliumsgemäße Armut scheint im Hinblick auf die Kirche eine Forderung unserer Zeit zu sein. Wir müssten das Bewusstsein dafür entwickeln, dass Armut zu leben eine echte kirchliche Aufgabe ist" (CE 150; FG 123).
>
> Und dies auch deshalb, weil „der Reichtum derer, die das Evangelium zu verkünden haben, dessen Ausbreitung verhindern kann – die ‚reichen' Christen, auf welche Art immer sie es auch seien. Um das Evangelium zu verkünden, muss man selbst arm werden" (OC VII 188; NK 97).

Das, so Madeleine, heißt jedoch nicht, „das Leben eines Arbeiters, eines Bauern oder eines Landstreichers anzunehmen" (CE 151; FG 123), um den Armen auch in dieser Hinsicht möglichst gleich zu werden. Es geht vielmehr um eine „Armut ohne Etikett"[72].

72 Zit. bei Christine de Boismarmin, a. a. O., 144.

> Diese Armut ist „nicht an ein niedriges Gehalt gebunden; sie ist der Zustand eines Menschen, der nicht behält, und zwar wegen der Bedürftigkeit der anderen nicht behält. Die Armut des Evangeliums ist nicht die einer bestimmten Schicht oder eines Berufes, sie ist jenseits davon“ (OC VII 196; NK 101f.).

> Deshalb verurteilt Christus es auch nicht, „dass jemand Geld verdient, sondern dass er oder sie es behält. Genauer: Er sagt nicht: Nehmt kein Geld an, sondern: Gebt es weg. Bei denen, die zu allen Räten seines Evangeliums berufen sind, ist er nicht gegen das Geld, ‚das kommt', sondern gegen das Geld, ‚das bleibt', gegen die bleibenden Güter. Dieses Geld, diese Güter, die man immerfort weggeben muss, sollen nicht um des Weggebens willen ‚verschwinden', sondern um des Wohles der Armen willen.
> Es geht nicht darum, um der persönlichen Vollkommenheit willen arm zu sein, sondern darum, dem Nächsten das Leben zu erleichtern“ (CE 149; FG 121f.).

Madeleine weiß, dass die evangelischen Räte – und darin eben auch die Armut – auf subtile Weise zu einem „Besitz“ werden können, indem sie in den Dienst der „persönlichen Heiligung“ gestellt werden. Deshalb gehört für sie zu einer evangeliumsgemäßen Armut nicht zuletzt der Verzicht auf Macht und Ansehen.

> „Bei der Armut geht es natürlich auch um Geld, aber nicht nur darum; seine Bedeutung wird oft so hochge-

> spielt, sowohl wenn man es verliert, als auch wenn man es gewinnt. Es geht vielmehr auch darum, der Macht beraubt zu werden. Macht, von der man sich trennen kann; Macht, die wir besitzen, aber auch die Macht, die uns besitzt, weil wir an ihr ‚festgehalten' haben: ein Beruf, eine Fähigkeit, unser Gesicht, unsere Nerven; schließlich ... unsere Sicherheiten, unser ‚Wert', ob angeboren, empfangen oder erworben: All das wird uns nun unerbittlich und unerwartet entzogen" (OC XI 170; AdC 159f.).

Bei Madeleine und ihren Gefährtinnen bekommt dieses Arm-Werden noch einmal eine eigene Färbung, in der sich das persönliche Charisma ihrer Gemeinschaft widerspiegelt:

> „Es scheint uns, dass mit dieser Lebensweise der Auftrag verbunden ist, in der Kirche ganz drastisch eine Ungesichertheit zu verwirklichen, wie es sich Familien oder gewisse geistliche Gemeinschaften nicht freiwillig leisten können.
>
> Die Grundlage dieser Ungesichertheit ist ein Mangel an Kenntnis.
>
> Sein irdisches Geschick nicht kennen. Kein Kapital besitzen, das das morgige Brot zu sichern scheint. In Häusern wohnen, in denen einem dauernd gekündigt werden kann. Keinen Vorschuss haben. Einen Lebensstil annehmen, der sich immer wieder verändern kann, weil er verbunden ist mit dem, was man zum Anziehen, zum Wohnen und zum Essen bekommen kann. Damit auch auf Traditionen und Erkennungsmarken verzichten.

> Sein geistliches Geschick nicht kennen. Sich der Ungesichertheit des Wesentlichen überlassen. Das Wesentliche ist wie die Seele: Es hat veränderliche und vergängliche Elemente, die man immer wieder mit ihm verwechselt. Die eigene Armut hat kein Gesicht. Sie ist flüssig. Ihr einen ‚Stil' zu geben, würde bedeuten, sie zu verleugnen.
> Wenn man einzig und allein das Wesentliche will – die Suche nach Christus – dann schmelzen einem die Definitionen und Systeme, die Routenplaner und die Ziele zusammen. Man kann sich dann an keine gute Beschreibung seiner selbst klammern, muss akzeptieren, dass man morgen als unbekannt gilt" (OC XIII 173f.; FG 18f.).

In alldem liegt für Madeleine Delbrêl nichts Düsteres oder Freudloses. Da Armut für sie kein Selbstzweck war, wurden in ihrer Gemeinschaft immer wieder Feste gefeiert, zu denen auch Nachbarn und Freunde eingeladen waren. Sie genoss es, in einem Café oder in einer Kneipe zu sitzen, Gauloises zu rauchen und Rotwein zu trinken. So lässt sie ihren „kleinen Mönch" – diesen liebenswürdigen „Alltagschristen" – einmal sagen: „Der Gottsucher trinkt lieber alles, was man ihm anbietet, als dass er selbst wählt, worauf er verzichten will. (Als man dem kleinen Mönch Muskatwein anbot)" (OC IV 43; Alcide 27).

Armut ist für sie letztlich nichts anderes als eine Weise, den Lebensstil und die Gesinnung Jesu zu teilen. Deshalb wünscht sie sich für ihre Gemeinschaft „in erster Linie die Armut, die uns der Herr selbst zeigt: den Mangel an Macht, den Mangel an Ansehen; die Armut der kleinen Leute, die Niedrigkeit der Armen ... Vor allem nur Anwärter auf die Armut sein, denn Gott ist es, der sie schenkt".[73]

*„Wir wissen wohl, die Menschheit wird nie leben, ohne zu schreien; Schreie, so uralt wie sie selbst, begleiten das Immerwährende in ihr, das in ihr Keimende, Sich-Entwickelnde, Schwindende. Der Schrei des Todes und der Schrei der Liebe werden niemals verstummen. Wir wissen aber auch, dass es heilbare Schreie gibt, für die unser Tun und Unterlassen verantwortlich ist.*
*Gehört dieser neue Schrei zu denen, von denen man gesund wird?*
*Man schreit in der Nacht: Wie könnten wir schlafen?"*

OC III 91ff.; NK 90f., vgl. im Anhang S. 234f.

73 Christine de Boismarmin, a. a. O 144.

# Unterscheidung der Geister

## „Was Ivry mich gelehrt hat“

Ihr Einsatz für die Armen hat Madeleine alsbald in eine intensive Auseinandersetzung geführt. Anlass dafür war der alltägliche Kontakt mit Kommunisten, deren selbstloser Kampf um bessere Lebensbedingungen der Arbeiter und Arbeiterinnen sie beeindruckt hatte, als sie mit 29 Jahren nach Ivry kam. „Die Armen und ihre vermeidbaren Leiden stehen im Mittelpunkt der Ziele des Marxismus“ (OC XI 69; AdC 64): Das schien ihr zunächst mit dem Evangelium gut vereinbar zu sein, und zeitlebens konnte sie nachvollziehen, welche Anziehungskraft der Marxismus für so manche engagierte Christen und Christinnen hatte. Doch sehr bald wurde ihr klar, wo die Grenzen liegen.

> „Als ich immer intensiver mit den Kommunisten zusammengearbeitet hatte und mit ihnen immer einiger wurde über den skandalösen Zustand der Welt, in der wir zusammen lebten, und über die wirksamen Maßnahmen, die für die Aufhebung dieses Skandals erforderlich wä-

> ren, fasste ich schließlich eine Lösung ins Auge, die mir harmonisch erschien. Ich würde ihnen ihren Atheismus lassen, und ich behielte für mich Gott, und gemeinsam würden wir für die menschliche Gerechtigkeit kämpfen" (OC X 215; NK 265).

Als sie die Praxis der führenden Parteigenossen in Ivry und ihre theoretischen Grundlagen – vor allem die Schriften Lenins – sorgfältig beobachtete und studierte, wurde ihr bewusst, dass es unvereinbare Punkte gab. Das erklärte Ziel des Marxismus ist es, ein Leben ohne Armut und Ungerechtigkeit hervorzubringen. „Es geht um das Heil der Menschheit, die von einem konkreten Übel durch eine konkrete Erlösung befreit werden soll ... Das Mittel dieser Erlösung ist der Hass und der vom Leiden angestachelte Kampf" (OC XI 69f.; AdC 64). Und zum Kern der Lehre und des Programms gehören auch die systematische Leugnung Gottes und der Versuch, den Glauben an ihn auszumerzen, weil er vermeintlich der Verwirklichung des menschlichen Glücks im Wege steht. Diese Erkenntnis führte zu einem „unheilbaren Bruch" (OC XI 158; AdC 149) zwischen ihr und dem Marxismus-Kommunismus.

> „Ich erinnere daran, dass ich eine Neubekehrte war. Ich war von Gott überwältigt worden und bin es noch. Es war und ist mir unmöglich, in die eine Schale der Waage Gott, in die andere alle Güter der Welt zu legen, mögen es die meinen oder die der ganzen Menschheit sein" (OC X 217; NK 266).

> „Ich hatte erfasst, welchen Wert alles bekommt, wenn der Mensch mit Gott verbunden ist, und umgekehrt, welche Entwertung den Gütern unweigerlich droht, wenn ein a-religiöser Mensch sie sich aneignen will" (OC XI 43; AdC 40).

Heutzutage ist es nicht mehr der Marxismus-Kommunismus, mit dem wir uns als Christen und Christinnen in Europa kritisch auseinandersetzen müssten. Heute treffen Menschen mit ganz unterschiedlichen Weltanschauungen, politischen Optionen und religiösen Traditionen aufeinander. Daraus ergeben sich verschiedene Herausforderungen. Wie kann man z. B. dem eigenen Glauben treu sein und zugleich die Überzeugung anderer wertschätzen? Wie weit kann eine Zusammenarbeit gehen, vor allem, wenn sich „Menschen guten Willens" miteinander für andere einsetzen? Was lässt sich gut mit dem christlichen Glauben vereinbaren und was nicht? Wo soll oder muss man Einspruch erheben? Wo entspricht vielleicht in der eigenen religiösen Praxis etwas nicht dem Evangelium Jesu Christi? Und gibt es Kriterien der Unterscheidung?

Mit solchen Fragen hat sich auch Madeleine intensiv auseinandergesetzt. Zwar gehen ihre Erfahrungen größtenteils auf die Begegnung mit dem Marxismus-Kommunismus zurück und spiegeln einen zeitgeschichtlichen Hintergrund wider, der viele Jahrzehnte zurückliegt; doch die Erkenntnisse, die sie daraus gewinnt, sind so grundsätzlich, dass sie auch für die heutige Zeit anregend sein können. Vor allem ihre Kriterien zur Unterscheidung der Geister sind ein hilfreiches Instrument, das sich auf verschiedene aktuelle Herausforderungen übertragen lässt.[74] Denn auch für uns gilt: Auf den geistigen „Straßenkreuzungen, auf denen wir leben, ist eine Anzahl von Punkten von uns zu beachten" (OC VII 188; NK 96). Im Folgenden einige solcher „Punkte", die Madeleine dem Evangelium entnommen hat und die auch uns bei der Orientierung helfen können.

## Liebe ist unteilbar

Ob es sich um politische Optionen handelt oder um wissenschaftliche Forschungen; ob es um Angebote ganzheitlicher Heilmethoden geht, um die Suche nach Spiritualität oder um eine religiöse Praxis: Madeleines Erfahrungen laden dazu ein, jeder Art von politischem und sozialem Engagement, von Forschung, von Sinnsuche und auch von Frömmigkeit zunächst einmal offen und mit Respekt zu begegnen. Wenn Gott ein Gott des Lebens ist, dann können all diese Initiativen und Suchbewegungen immer eine Weise seiner Gegenwart in dieser Welt sein; sein Heiliger Geist treibt die Menschen dazu an, etwas Neues zu schaffen, für sich selbst und für andere „die Welt zu verändern". Oft werden sie dabei durch „Hoffnungsworte" mobilisiert. Im Umfeld von Madeleine war es z. B. das Wort „Gerechtigkeit":

74 Madeleine selbst hat zwar keine systematische Lehre zur Unterscheidung der Geister verfasst; es gibt aber verschiedene Bereiche, in denen sie sie praktiziert hat: in der Begleitung anderer Menschen, in der Auseinandersetzung mit dem Marxismus und vor allem auch bei der Frage, wie ihre Gemeinschaft zu Entscheidungen finden kann. In diesem Kapitel liegt ein Schwerpunkt auf dem christlichen Engagement in der Gesellschaft.

Die marxistische Lehre hat eine Zukunft in Aussicht gestellt, in der die Sehnsucht nach Gerechtigkeit in Erfüllung gehen wird. Heute sind auch „Gesundheit“ oder „Spiritualität“ solche Hoffnungsworte, die für viele Menschen eine Perspektive von Heil-Sein und von Sinn anklingen lassen.

Für Madeleine bleibt freilich ein Fragezeichen. Ihre Erfahrungen mit dem Marxismus haben ihr gezeigt, wie wichtig es ist, genauer hinzuschauen, wo die Motive eines Engagements liegen, was in einem „Hoffnungswort“ mitschwingt und wie es sich in der Praxis auswirkt. Ist das, was Menschen antreibt, offen für den je größeren, unverfügbaren Gott? Macht es fähig, sich für andere Menschen einzusetzen, jeden Menschen „ohne Vorliebe, ohne Kategorien, ohne Ausnahme“ (JC 71; GwL 47) zu lieben? Lassen sich darin auch das Leiden und der Tod integrieren?

Um das erkennen zu können, bedarf es einer „Sehhilfe“. Für Madeleine ist dies das Doppelgebot der Liebe, die unteilbare Einheit von Gottes- und Nächstenliebe, die ihr als der rote Faden des Evangeliums aufleuchtet.

> „Für Christen gibt es keine Möglichkeit, Gott zu lieben, ohne die Menschheit zu lieben; keine Möglichkeit, die Menschheit zu lieben, ohne alle Menschen zu lieben; keine Möglichkeit, alle Menschen zu lieben, ohne die Menschen zu lieben, die man kennt, und zwar mit einer konkreten, tätigen Liebe.
> Einzig dieses Gesetz ist das Gesetz des Guten und des Bösen. Es unterscheidet für die Menschheit zwischen dem Guten und dem Bösen“ (OC XII 184; NK 183).

Daran muss sich für Madeleine jedes Denken und Handeln messen lassen.

> „Wenn der Marxismus [also] vorschlägt, in seinem System die beiden Gebote des Herrn zu trennen, und wenn das zweite Gebot für den Marxisten nicht das trifft, was ihm wesentlich zu sein scheint: *für einen Christen geht das so nicht* ... Sobald er der Partei beitritt oder sich ihr sogar nur durch eine Tätigkeit verbindet, die organisch zu ihr gehört, unterschreibt oder bestätigt er im Prinzip die Ablehnung des ersten Gebots. Aber diese Unterschrift oder diese Aktion richtet sich auch gegen die Nächstenliebe: Menschenliebe, die der Gottesliebe vorgezogen wird, bleibt letztlich selbst auf der Strecke.
> Denn Christus hat deutlich gesprochen. Wenn er nicht will, dass ein einziger Mensch Gott vorgezogen wird, so will er noch viel weniger, dass wir aus Liebe zu bestimmten Menschen auch nur einen einzigen hassen. Christus hat für uns nicht zwei Gebote ‚zusammengeschweißt', die man aus diesem oder jenem Grund wieder trennen dürfte. Er hat aus beiden Geboten ein einziges gemacht, wenn auch Gott in diesem einzigen an erster Stelle steht" (OC XI 101; AdC 93).

## Die Welt retten heisst nicht, ihr das Glück zu schenken

Die Liebe Jesu gebietet es dann einerseits, sich für den Aufbau einer besseren Welt einzusetzen, sich vor allem denen zuzuwenden, die an Leib und Seele Not leiden.

> „Kann man allen Ernstes und mit wirklicher Hoffnung auf Erlösung der Welt hoffen, ohne leidenschaftlichen Herzens das Unrecht in der Welt und seine Folgen enden sehen zu wollen, selbst wenn nicht alles Böse darauf zurückzuführen ist? Kann man ehrlich Erlösung erhoffen, ohne zu wünschen, dass auch die Folgen jener Sünden aufhören, die man Egoismus, Rechtsbruch, Repression nennt? Müssen nicht auch wir, wenn die Kommunisten im Namen von alldem Revolutionen machen, unsererseits dem Leiden und den Sünden der anderen gegenüber Stellung beziehen?
>
> Wenn wir weinen mit denen, die um ein Kind weinen, das gestorben ist und nicht hätte sterben müssen; um einen verkrüppelten Menschen, der es nicht hätte sein müssen; um einen Gefangenen, der zwanzig Jahre im Gefängnis saß, obwohl es nicht nötig gewesen wäre: dann werden wir vielleicht die Hoffnung erlernen, mit einem Herzen, das in dieser Hoffnung dem Herzen Jesu Christi gleicht“ (OC XII 308f.; NA 232).

Diese Hoffnung ist aber alles andere als eine Art „apostolischer Humanismus“, der bloß innerweltliche Ziele im Blick hätte. Denn nur Gott kann dem Menschen die *volle* Erfüllung schenken. So schreibt Madeleine:

> „Das Wohl der Marxisten wäre Grund genug, sich die Kunde des lebendigen Gottes zu wünschen. Aber vor allem um Gottes selbst willen – wenn es erlaubt ist, seine Herrlichkeit noch herrlicher zu machen – bräuchte es eine aufsehenerregende Kundgabe“ (OC XI 150; AdC 140).

Gott in dieser Weise den ersten Platz einzuräumen heißt dann, die Menschen so zu lieben, wie Jesus Christus sie liebt: mit einer Liebe, die von Gott kommt und deshalb zu den Menschen überfließt. Dies verdichtet sich für Madeleine in der Eucharistie: Jesus Christus ist dort in sich „eine Einheit: Man kann das, was er für seinen Vater ist, nicht von dem trennen, was er für die anderen ist“ (OC XIII 263); er kann Brot für die Menschen sein, weil er vom Himmel gekommen ist. Und deshalb sind auch wir in der Nachfolge Jesu beauftragt, „Brot für die anderen“ zu sein „unter der Bedingung, dass es vom Himmel kommt“ (OC XIII 264).

> „Wir haben nicht das Recht, etwas anderes zu geben als das, was aus der Ewigkeit Gottes stammt, wenn wir von Jesus kommen. Wir geben es in zerbrechlichen und verderblichen Gestalten, aber wir haben nicht das Recht, etwas zu geben, was nicht mit Ewigkeit ‚aufgeladen‘ ist“ (OC XIII 264).

Das hat dann Konsequenzen für jede Art von christlichem Engagement:

> „Die Welt retten heißt nicht, ihr das Glück schenken. Es heißt, ihr den Sinn ihres Leidens deuten helfen und ihr eine Freude schenken, ‚die niemand ihr nehmen kann‘.

> Wenn wir gegen alle Formen von Elend und Unglück zu kämpfen haben, die Christus so ernst genommen hat, dass er uns am Jüngsten Tag nach der geleisteten Hilfe richtet, müssen wir uns dennoch daran erinnern, dass jenseits dieser Miseren vom ewigen Leben die Rede ist und nicht von einem zweiten, irdischen Paradies" (OC VII 187; NK 95).

Denn das Streben nach dem „Paradies auf Erden" kann in eine „erbarmungslose Diesseitigkeit" führen – und in eine neue Art von Vertröstung: „Sie besteht heutzutage im Allgemeinen nicht mehr in der Vertröstung auf das Jenseits, sondern im Gegenteil in der Vertröstung auf ein rein diesseitiges Glück."[75] Diese Vertröstung und vor allem auch die Energie, die darauf verwendet wird, dieses Glück auf Erden zu schaffen, sind zutiefst ambivalent und können verheerende Folgen haben. „Die großen Selbsterlösungsprojekte des 19. und 20. Jahrhunderts – Kommunismus und Faschismus – haben stets zerstörerische Auswirkungen von ungeahnten Ausmaßen gehabt."[76]

Aber auch im persönlichen Leben führt dieses Streben zu einer heillosen Überforderung. Wenn das irdische Leben „die letzte Gelegenheit"[77] ist, dann ist die Zeit immer knapp, dann löst das die Angst aus, das Wichtigste zu verpassen.

---

75 Walter Kardinal Kasper, Barmherzigkeit, 201.

76 Holm Tetens, „Auferstehung der Toten, Gericht, Vergebung", 18.

77 Vgl. den Titel des Buches von Marianne Gronemeyer: Das Leben als letzte Gelegenheit. Sicherheitsbedürfnisse und Zeitknappheit, Darmstadt $^{2}$1996.

„Vor allem aber übt die unreflektierte Annahme, dass Glück herstellbar sei, einen ungemeinen Druck aus. Denn wo es die Freiheit gibt, das eigene Glück zu suchen, da entsteht der Zwang, es gefälligst auch zu finden. Die Erwartung, dass jeder als Unternehmer seiner selbst sein Leben manage, manövriert in Überforderung und Erschöpfung hinein."[78]

Aber auch und gerade Religionen bergen eine Gefahr in sich: Gott in den Dienst des eigenen Glücksverlangens, des Strebens nach Vollkommenheit und der Macht über andere zu stellen. Die terroristischen Anschläge der jüngsten Zeit zeigen auf erschütternde Weise, wie der Name Gottes nach wie vor für eine menschenverachtende und zerstörerische Gewalt missbraucht werden kann.

Subtiler ist die Weise, wie der Gottesname manchmal auch in christlichen Kreisen missbraucht wird. Denn es ist längst nicht ausgemacht, dass diejenigen, die das Wort „Gott" im Munde führen oder sich darauf berufen, tatsächlich im Sinne des Gottes Jesu Christi leben und handeln. Christliche Fundamentalisten können im Umgang mit anderen zutiefst unbarmherzig sein. Auch hier gibt es immer wieder erschreckende Tendenzen (auch in den sozialen Medien), in vermeintlicher Rechtgläubigkeit die beiden Gebote der Liebe auseinanderzureißen.

Ein „‚religiöses Leben' führen ist nicht in sich schon gut. Man kann mit den Mitteln religiöser Spiritualität, mit Gebet und Gottesdienst, mit Ritualen und Bräuchen, mit Meditation und ‚kontemplativem' Lebensstil ... auch die eigene

78 Melanie Wolfers, Selig die Unglücklichen, 549.

Begehrlichkeit pflegen. Der Mensch lebt dann, weil er auf seinem ‚Ego-Trip' Religion instrumentalisiert, schnurgerade an Gott vorbei, verdirbt sich den Charakter, wird anderen zur Belastung und bringt Unheil in die Welt".[79]

Papst Franziskus spricht hier von „spiritueller Weltlichkeit": „Die spirituelle Weltlichkeit, die sich hinter dem Anschein der Religiosität und sogar der Liebe zur Kirche verbirgt, besteht darin, anstatt der Ehre des Herrn die menschliche Ehre und das persönliche Wohlergehen zu suchen" (EG 93). Sie kann sich auf verschiedene Weise äußern: „Die eine ist die Faszination des Gnostizismus, eines im Subjektivismus eingeschlossenen Glaubens, bei dem einzig eine bestimmte Erfahrung oder eine Reihe von Argumentationen und Kenntnissen interessiert, von denen man meint, sie könnten Trost und Licht bringen, wo aber das Subjekt letztlich in der Immanenz seiner eigenen Vernunft oder seiner Gefühle eingeschlossen bleibt. Die andere ist der selbstbezogene und prometheische Neu-Pelagianismus derer, die sich einzig auf die eigenen Kräfte verlassen und sich den anderen überlegen fühlen, weil sie bestimmte Normen einhalten oder weil sie einem gewissen katholischen Stil der Vergangenheit unerschütterlich treu sind. Es ist eine vermeintliche doktrinelle oder disziplinarische Sicherheit, die Anlass gibt zu einem narzisstischen und autoritären Elitebewusstsein, wo man, anstatt die anderen zu evangelisieren, sie analysiert und bewertet und, anstatt den Zugang zur Gnade zu erleichtern, die Energien im Kontrollieren verbraucht" (EG 94).

---

79 Reinhard Körner, a. a. O. These 86.

## Das Leiden und den Tod integrieren

Madeleine erkennt in der vielgesichtigen reinen Diesseitigkeit das untergründige Bestreben, Ohnmacht und Leiden zu ignorieren, sie zu vermeiden oder sie – wie im Marxismus – zu instrumentalisieren und aus eigener Kraft überwinden zu wollen. Der christliche Glaube hingegen vermag die Gebrochenheit allen geschöpflichen Lebens zu integrieren. Davon ist Madeleine überzeugt.

> „Ich glaube nicht an einen Glauben, der uns das Leiden erspart. So kann der Glaube an einen gekreuzigten Christus nicht sein. Aber ich glaube an einen Glauben, der das Leiden und den Tod erhellen und in die Ordnung der Liebe versetzen kann; an einen Glauben, der uns durch den Schmerz hindurch in eine geheimnisvoll-dunkle, aber endgültige Seligkeit hineinführt" (IA 59; LU 53).

Damit sind für Madeleine keineswegs alle Fragen beantwortet, die das Leiden stellt, vor allem das Leiden Unschuldiger. „Ich muss wohl unvollständig getauft worden sein", schreibt sie, „denn ich habe für meine Freunde einen geradezu physischen Horror vor dem Kreuz. Das läuft immer darauf hinaus, dass ich mich beim Herrn dafür entschuldige – aber nicht ohne ihm zuvor nachdrücklich meine Empörung zum Ausdruck gebracht zu haben!" (IA 57; LU 50). Leiden – vor allem ungerechtes Leiden – darf weder ignoriert noch spirituell überhöht werden. Wir können es aber auf Gott hin ausrichten, in Form von Klage oder auch Anklage. Vergangenes wie gegenwärtiges Leiden muss „uns dazu ermutigen, vor Gott zu protestieren, Dinge zu beanstanden, uns zu beklagen, zu trauern, aus den tiefsten Tiefen heraus zu schreien und immer und immer wieder zu fragen ‚Wie lange noch, o Herr?' Eher als das Sich-mit-rationalen-Erklärungen-Zufriedengeben ist es das Klagen in Gottes Richtung, hin zu Gott *trotz* allem, das die Hoffnung am Leben erhält. Diese Art von Gebet hat die Macht, den Widerstand gegen Gewalt in Vergangenheit und Gegenwart zu nähren".[80]

## Die Realität des Bösen nicht verdrängen

Widerstand braucht es vor allem auch angesichts der Wirklichkeit des Bösen. Für Madeleine gehört sie zur Gebrochenheit unserer menschlichen Existenz, ja der ganzen Schöpfung.

> „Wer nicht weiß, dass zwischen dem Geist Gottes und dem Geist des Menschen der Geist des Bösen umgeht und seine Stätte sucht, muss das Glück gehabt haben, nicht in Versuchung geführt worden zu sein, oder das Pech, es gar nicht bemerkt zu haben ...
> Der Geist des Bösen ist keine Idee. Es gehört zum Realismus des Evangeliums, das ernst zu nehmen, was Jesus darüber gesagt hat. Der Geist des Bösen ist ein ‚Versucher', er ist keine Versuchung. Er ist der ‚Fürst dieser Welt' ...

80 Elizabeth A. Johnson, a. a. O., 107f.

> Als Geist ist er intelligent. Seitdem die Welt im Sinne des Evangeliums zur ‚Welt' geworden ist, hat ihr ‚Fürst' keineswegs das Interesse an ihr verloren. Er mischt sich in so geschickten Dosierungen in die menschlichen Angelegenheiten ein, dass dort, wo er im Spiel ist, Liebe und Hass, Stolz und Entsagung, Mord und Hingabe eng beieinander wohnen. Er versucht mit allen Mitteln, auf jede Zeit, auf jede Epoche, auf jede Zivilisation einen Film *seiner* Welt zu projizieren" (OC XI 74f.; AdC 68f.).

Im Marxismus sei ihm das besonders gut gelungen, so Madeleine. „Er beutet alles aus, was der Kommunismus Liebe, Empörung, Mitleid, Tapferkeit, Großzügigkeit, Hingabe des Lebens und sogar Erniedrigung und Opfer nennen mag" (OC XI 75; AdC 69), und nutzt es für sein Ziel: die Beziehung zwischen Mensch und Gott „durcheinanderzubringen".[81]

> „Wenn der Geist des Bösen dadurch sündigt, dass er den Menschen von Gott trennt, so hat er diesen Bruch offenbar noch nie zuvor an einem so wesentlichen und so doppeldeutigen Punkt angesetzt: genau zwischen dem ersten und dem zweiten Gebot des Herrn; er hat im Namen der Liebe zu den Menschen den Hass gegen Gott gefordert" (OC XI 75; AdC 70).

In unserer Zeit erleben wir auch das Umgekehrte: Im Namen Gottes wird der Hass auf Menschen gefordert, wie z. B. die gnadenlosen Aktionen des sogenannten Islamischen

81 Vgl. die wörtliche Bedeutung von „*diabolos*": der „Durcheinander-Werfer".

Staates zeigen. Auch hier ist das Böse nicht weniger gegenwärtig als zur Zeit Madeleines. Durch die Medien werden wir mit seinen vielfältigen Erscheinungsformen konfrontiert und beeinflusst, nicht zuletzt auch durch all die Hass-Kommentare, die im Internet kursieren.

Aber auch in uns selbst lauert die dunkle Macht des Bösen. Niemand ist davor gefeit, selbst zum Täter oder zur Täterin zu werden. Alle unsere Bestrebungen können davon „infiziert" sein. Die Bibel ist hier durch und durch realistisch. Es ist die Rede von Brudermord, von Vergewaltigung, von Mord und Ehebruch; wir begegnen Machtgelüsten, Heimtücke und Rache. Auch Jesus ist in der Wüste vom Bösen versucht worden – doch er hielt stand. Auch dann noch, als sein Leben schmählich am Kreuz endete: In äußerster Konsequenz seiner Botschaft vertraute er sich Gott an – und Gott hat ihm Recht gegeben. „Unser Urwort ‚Gott hat Jesus auferweckt' ist so etwas wie das himmlische Echo auf jenes Schlusswort Jesu."[82]

Seitdem ist der Teufelskreis durchbrochen: Gottes Lebenskraft erweist sich ein für allemal als stärker als die Macht des Bösen und als die Macht des Todes. In diese Lebenskraft will Jesus Christus uns hineinnehmen – jeden Tag neu, in Zeiten der Angst und der Dunkelheit und schließlich in unserer eigenen Todesstunde.

---

82 Klaus Müller, Gottes ABC. Gedanken und Texte zum Lesejahr B, Münster 2015, 109.

## Zu jeder Stunde eine Wahl treffen

Täglich sind wir deshalb dazu herausgefordert, uns Jesus Christus anzuvertrauen, die Überzeugung in unseren Alltag zu integrieren, dass er mitten unter uns lebt. Es braucht unsere Entschiedenheit, unsere „Wurzeln in das Ureigenste, Absoluteste, Lebendigste und Überraschendste des Glaubens einzusenken" (OC XI 121; AdC 111). Dann können uns „weder Tod noch Leben, weder Engel noch Mächte, weder Gegenwärtiges noch Zukünftiges noch Gewalten, weder Höhe oder Tiefe" scheiden „von der Liebe Gottes, die in Christus Jesus ist, unserem Herrn" (Röm 8,38f).

So zeichnet sich die Richtung ab, in der wir als Christen und Christinnen zu einer „Unterscheidung der Geister" finden können: Wer sich in Jesus Christus festmacht, kommt mit einer Quelle von Kraft in Kontakt, die von der Angst um sich selbst befreien kann und die auch das Leiden und den Tod umfasst. Man muss die eigene Identität dann nicht notvoll oder gar auf Kosten anderer suchen, sondern findet sie „in der Herrlichkeit Gottes statt in der eigenen Herrlichkeit".[83]

Menschliche „Hoffnungsworte" werden aufgebrochen auf den Glauben hin, dass es vollkommenes Glück, vollkommenes Heilwerden und vollkommene Gerechtigkeit nur von Gott her geben kann. Dies aber nicht nur irgendwann im Jenseits, sondern anfanghaft überall dort, wo wir die Liebe riskieren, die Jesus uns vorgelebt hat.

83 Dorothee Steiof, a. a. O., 367.

> „Er hat mit seiner Person die falschen Absolutheitsvorstellungen der Welt zerschlagen und in Freiheit zurückgewiesen: Geld, Ehre, Macht; aber er hat sie nicht wieder aufgebaut und eine andere menschliche Gesellschaft errichtet, die eine neue Hierarchie der Ehre, der Macht und des Reichtums besäße. Er hat die Welt überwunden, indem er sie relativierte; denn der Sieg der Welt über den Menschen ist es, dass sie sich ihm als etwas Absolutes darbietet.“[84]

Daraus folgen für Madeleine allerdings keine ein für alle Mal feststehenden Handlungsanweisungen. Jede neue Situation erfordert ein Hinschauen, „eine immer neue Entscheidung zwischen Christus und dem Gottfeindlichen in der Welt“. Solche Unterscheidungen sind eine „schmale Gratlinie, eine Grenzscheide, wo unsere Berufung es erfordert, dass wir an jedem Tag und zu jeder Stunde eine Wahl treffen: Gott treu zu sein, der uns treu ist“ (OC XII 307; NK 230).

Das alltägliche Leben wird dann zu einem immer neuen „Rendez-vous“ (CE 162; FG 135) mit Gott. Sein Wille begegnet Madeleine in den „geringen Umständen“ (OC VII; NK 51), die für sie das sind, was die Weisungen der Ordensoberen in Klöstern sind, und die ihr helfen, sich diesem Willen ganz konkret in der Lebenswirklichkeit zu überlassen.

84 Brief Madeleines an Jacques Loew, abgedruckt in Christine de Boismarmin, a. a. O., 108 = OC II 202.

„Ich sagte die Dinge so, wie ich sie gelebt habe, meinen Kameraden ... Und seitdem habe ich sie so oft wiederholt, wie es nötig war.
In Ivry war ich damit einverstanden, mit ihnen [ihren kommunistischen Kollegen] für bestimmte, zeitlich begrenzte Ziele zu arbeiten, jedes Mal, wenn diese Ziele mit den Geboten des Herrn übereinstimmten. Jedes Mal aber, wenn die Zusammenarbeit mit ihnen direkt oder indirekt ein Handeln gegen Gott war, habe ich mich geweigert. Jedes Mal, wenn es nötig war, habe ich meine Gründe dafür genannt: die Worte Christi.
Ich muss hinzufügen, dass ich mich dabei auch geweigert habe, von einer Aktion in die andere zu springen, wenn ich dazwischen nicht die Zeit hatte, nachzudenken und zu beten. Das hat mir manche unklare Verstrickungen erspart“ (OC X 217; NK 266).

*„Das Evangelium gibt uns den Schlüssel zu Komplikationen und vereinfacht sie. Es gibt uns ein Gesetz, das auf keinen Fall übertreten werden darf. Es ist das einzige ‚Gesetz' der Propheten: ‚Du sollst den Herrn lieben ... und deinen Nächsten'.“*

IA 51; LU 46

# Ein normaler Gewaltzustand[85]

## DER GLAUBE LÄSST UNS ZU FREMDLINGEN WERDEN

Die Klarheit, mit der sich Madeleine gegenüber ihren kommunistischen Kollegen positioniert hat, änderte grundsätzlich nichts an der Wertschätzung und am Respekt, den diese ihr trotz aller Differenzen und Auseinandersetzungen meist entgegenbrachten. Dennoch war ihr bewusst, dass sie aufgrund ihres Glaubens – und aufgrund der Entscheidungen, die für sie daraus folgten – eine Außenseiterin war, selbst für diejenigen, die ihr nahestanden.

> „Für ihre Freunde, Nachbarn, Mitbürger werden Christen nicht aufhören zu existieren; sie können geliebt und geachtet und mit schwierigen Aufgaben betraut werden; aber sie sind oder werden zu Fremden. Wären sie von anderswoher gekommen und eingebürgert worden, wären sie weniger fremde Fremdlinge ... Aber wer sie auch sind

85 Vgl. dazu Marianne Heimbach-Steins, „Ein normaler Gewaltzustand". Politische Konflikte als Herausforderung christlichen Handelns. Das Beispiel Madeleine Delbrêls.

und woher sie auch kommen: hier sind sie mehr als Fremde, sie sind die *Fremdlinge* schlechthin. In ihrer Geistesart gibt es etwas, das anderen Menschen nicht angepasst werden kann" (OC XI 186; AdC 174).

Dieses Fremdsein ist nicht daran gebunden, dass Christen und Christinnen in der Gesellschaft eine Minderheit bilden. Auch unter volkskirchlichen Bedingungen können sie eine solche Erfahrung machen, „sobald sie von Gott als einer *Wirklichkeit* berührt worden sind".[86] Je mehr sie zu einem „je persönlichen, freien Glaubensentschluss" gefunden haben, desto mehr setzen sie sich kritisch „von dem durchschnittlichen Meinen und Empfinden ihrer gesellschaftlichen Umwelt" ab.[87] Wenn sie so der Spur ihrer eigenen Berufung folgen, können sie in ihrem Freundeskreis, in ihrer Gemeinde, ja selbst für ihre eigene Familie zu „Fremdlingen" werden.

In einer Minderheitensituation ist es vor allem der Kontrast zur Gesellschaft, der ins Bewusstsein dringen kann. Gerade in Ost- bzw. Mitteldeutschland gibt es zwar viele

---

86 Reinhard Körner, a. a. O., These 31: „Menschen, die einer Religion angehören, fühlen sich in ihrer Religionsgemeinschaft, zum Beispiel der christlichen, nicht selten fremd, sobald sie von Gott als einer *Wirklichkeit* berührt worden sind. Was sie gelehrt und ‚gepredigt' bekommen, was sie als religiöse Zeremonien, Riten und Liturgien erleben, erscheint ihnen leer: Die Wirklichkeit Gottes, um die sie nun ‚wissen', kommt darin nicht vor – wo Gott draufsteht, ist Gott nicht drin. Schlimmer für sie noch: Was ihnen tief in ihrer Seele kostbar geworden ist, wird dort zerredet durch ehrfurchtsloses und banales – oder gar drohendes und Angst machendes – ‚Gottesgeschwätz'."

87 Karl Rahner, Strukturwandel der Kirche als Aufgabe und Chance, 35.

Beispiele für ein gemeinsames Engagement von Christen und Nichtchristen in den unterschiedlichsten Bereichen des menschlichen Miteinanders, doch es bleibt im alltäglichen Kontakt oft etwas „Unübersetzbares", das zwar nicht zu Konflikten führen muss, aber manchmal eine gewisse Ratlosigkeit oder ein höfliches Desinteresse auslöst.

Konflikte entstehen unter Umständen in Ost und West im öffentlichen Leben, wenn sich Christen und Christinnen zu Wort melden, z. B. zur Flüchtlingskrise, zur Würde des menschlichen Lebens von Anbeginn bis zum Ende[88], zu Fragen der Energiepolitik oder der Rüstungsexporte. In jüngster Zeit wird ihnen immer wieder einmal vorgehalten, dass sie sich zu sehr in die Politik einmischen – ihr „Kerngeschäft" sei das binnenkirchliche Leben.

Zwar hat Religion in jüngster Zeit wieder Konjunktur. Anders als vor einigen Jahrzehnten können Personen des öffentlichen Lebens – Fußballstars oder Führungskräfte – dazu stehen, dass sie an Gott glauben und z. B. in einem Kloster „auftanken", ohne dass sie mit Häme oder zumindest mit Verwunderung rechnen müssten. Das eigene Leben an Jesus Christus auszurichten und sich zur Kirche zu bekennen, löst jedoch immer wieder Unverständnis aus. Oft werden Christen und Christinnen mit dem Bild in Verbindung gebracht, das manche Medien über „die Kirche" transportieren bzw. mit dem, was die Menschen selber an Kirchenbildern und Gottesbildern aus ihrer Vergangenheit mitbringen. Katholi-

88 Vgl. z. B. die derzeit aktuelle Debatte um die Verabreichung von verschreibungspflichtigen Betäubungsmitteln zur schmerzlosen Selbsttötung.

sche wie evangelische Christen werden dann in eine Schublade eingeordnet und mit bestimmten Etiketten versehen.

Madeleine hat in ihrer Umgebung Ähnliches erfahren. In Gesprächen mit Kommunisten wurde ihr schnell klar, wie diese sie – zumindest anfangs – einschätzten: als hoffnungslos „von gestern".

> „Schon in den ersten Gesprächen zwischen Kommunisten und Christen spürt ein Christ sehr deutlich, was ihn von den Kommunisten trennt. Je mehr er die Wahrheit liebt oder diese durch seine Haltung durchscheint, desto mehr spürt er, dass das dem ‚anderen' gar nicht überraschend vorkommt, sondern eher ‚altmodisch'. Gegenüber dem Wirklichkeitssinn, den der Marxist für sich in Anspruch nimmt, erkennt er, wie seine eigene geistige Sicht bewertet wird, und das reicht von ‚verknöchert' bis ‚vorsintflutlich'" (OC XI 154f.; AdC 145).

## In der Welt, aber nicht von der Welt

Eingeordnet und kritisch angefragt wurde Madeleine aber nicht nur vonseiten der Kommunisten. Ende der Vierzigerjahre wurde ihr z. B. von ihrem Pfarrer die Kommunion verweigert, weil er den Eindruck hatte, dass sie sich in ihrer Zusammenarbeit mit den Kommunisten nicht an das Dekret hielt, das Papst Pius XII. im Jahr 1949 verkündet hatte.[89]

89 Dekret des Heiligen Offiziums über die Haltung der Gläubigen gegenüber der kommunistischen Partei vom 1. Juli 1949, AAS 41 (1949), 333f.

Es lag ihr jedoch fern, sich darüber zu beklagen, dass sie durch ihre Entscheidungen immer wieder „zwischen allen Stühlen" saß. Denn auf Unverständnis und Widerstand zu stoßen war für sie eine Konsequenz, die notwendigerweise aus dem Glauben folgt. Wer sich auf den lebendigen Gott einlässt, gerät immer wieder in Situationen, in denen es um Entscheidungen und Unterscheidungen geht: im persönlichen Leben, gegenüber dem Staat und der Gesellschaft oder eben auch in den eigenen – kirchlichen – Reihen.

Madeleine spricht in diesem Zusammenhang von einer „Tendenz zum Bündnis" und einer „Tendenz zum Heil" (OC X 50ff.; NK 114ff.). Das eine ist die Neigung, sich unkritisch mit gesellschaftlichen und politischen Kräften, Bewegungen und Zielen zu solidarisieren, z. B. mit dem Marxismus oder mit dem Kapitalismus[90], aber auch mit verschiedenen Trends des alltäglichen „Mainstreams". Das andere ist die Entschiedenheit, all dies mit dem Maßstab des Evangeliums zu messen, vor allem mit dem Doppelgebot der Liebe.

Dann werden wir als Christen und Christinnen manches vielleicht nicht mitmachen können, dann erscheint uns manches als schal und oberflächlich, dann werden wir unter Umständen öffentlich Stellung beziehen und Entscheidun-

90 Immer neu gilt es, das „Evangelium vom Heil nicht mit Rezepten des Glücks zu verwechseln", schreibt Madeleine. Wenn z. B. eine solche Verwechslung „Menschen der Kirche dazu verleitet hat, unsaubere Bündnisse mit dem Kapitalismus zu schließen, darf man nicht unter dem Vorwand, mit diesen zu brechen, die Kirche an andere Systeme fesseln, die sie – weil sie dieser Welt angehören – mit ähnlichen Banden belasten würden wie diejenigen, von denen wir sie heute befreien möchten" (OC VII 189.191; NK 97.99).

gen treffen, die andere nicht nachvollziehen können oder für die wir sogar angefeindet werden.

Ohne dass wir es beabsichtigen, kommt so ans Licht, dass die Wirklichkeit ambivalent ist: Überall kann Gott am Werk sein, überall kann aber auch ein Widerstand gegen Gott verborgen sein, denn überall gibt es „Eingebungen des guten und des bösen Geistes“ (EG 51). Je klarer wir sind, desto deutlicher tritt dies zutage:

> „Solange der Glaube nicht laut und deutlich redet, kann die Welt eine scheinbare Zweideutigkeit bewahren. Sobald sich der Glaube aber ihr gegenüber offenbart, hört die Welt auf, zweideutig zu sein, die ‚Welt‘, die sich in ihr verbirgt, tritt hervor und widerspricht dem Glauben“ (OC X 116; NK 160).

Madeleine unterscheidet hier zwischen der Welt (*le monde*), in der man lebt: die irdische Wirklichkeit, in die wir zusammen mit allen Geschöpfen hineingestellt sind und die wir verantwortlich mitzugestalten haben – und der „Welt“ (*le „Monde“*) im Sinne des Johannesevangeliums: die Menschenwelt, die aus sich selbst und für sich selbst da sein will, die sich Gott gegenüber verschließt. Mit dieser „Welt“ ist Jesus Christus letztlich in einen tödlichen Konflikt geraten, auch wenn er sie dann gerade durch seinen Tod hindurch überwunden hat.[91]

---

91 Vgl. z. B. Joh 16,33: „In der Welt seid ihr in Bedrängnis; aber habt Mut: Ich habe die Welt besiegt.“

Wer versucht, im Sinne Jesu zu leben, kann früher oder später ebenso in einen Konflikt geraten, geächtet und benachteiligt werden (wie es viele Christen z. B. in der DDR erlebt haben) oder muss – in zahlreichen Ländern bis heute – damit rechnen, verfolgt oder gar umgebracht zu werden. Und auch dort, wo Christen und Christinnen ihren Glauben ohne Gefahr für Leib und Leben zum Ausdruck bringen können, kommen sie mit dem in Kontakt, was Madeleine den „normalen Gewaltzustand" des Glaubens nennt: die harte Erkenntnis, dass er überall auf etwas treffen kann, was im Widerspruch zu ihm steht, und sei es noch so subtil. Allein schon dadurch, dass jemand aufgrund des Glaubens einen eigenständigen Weg geht und sich vom „Mainstream" absetzt, kann er oder sie für diejenigen eine Provokation sein, die sich diesem „Mainstream" eher anpassen – sei es innerhalb oder außerhalb der Kirche. Einem Widerspruch begegnet man nämlich keineswegs nur dort, wo Menschen Gott leugnen oder wo er für sie überhaupt keine Rolle spielt. Man erfährt diesen Widerspruch auch nicht nur dort, wo gesellschaftliche, politische und wirtschaftliche Strukturen gottwidrig sind und „Prozesse einer Entmenschlichung auslösen können" (EG 51). Vielmehr trifft der Glaube auch auf die Ambivalenz, die inmitten der Kirche zu finden ist – und auch im Herzen eines jeden Christen und einer jeden Christin. Auch sie sind „davon durchdrungen und durchbohrt, wobei sie immer frei bleiben, darin Gott zu wählen, oft in Entscheidungen, die täglich zu treffen sind" (OC X 117; NK 160).

> „Kann man sich dann eine apostolische Situation vorstellen, die keine Gewalt mit sich bringt? Ist es im Gegenteil nicht normal, dass eine gewisse Gewaltsamkeit wesentlich zu ihr gehört?“ (OC X 17f.; NK 160).

Das heißt dann aber auch, dass wir als Christen und Christinnen immer neu dazu gerufen sind, uns für Gott zu entscheiden und zu erkennen, wo etwas sowohl in uns selbst als auch in der Welt, in der wir leben, dem Willen Gottes zuwiderläuft: seiner bedingungslosen Liebe und Barmherzigkeit gegenüber allen Geschöpfen. Der Glaube ist damit, so Madeleine, „an das ‚Bekehrt euch!‘ gebunden“; er erfordert ein immer neues „Herumwerfen des Steuers“ (OC X 117; NK 160).

## Bekehrung ist ein lebenslanger Prozess

Madeleine hat vor allem ihre Konversion in diesem Sinne als eine „gewaltsame Umkehr“ erlebt, als die Einwilligung, dem lebendigen Gott den „höchsten, überwältigenden Vorrang“ zu lassen (OC X 212.219; NK 263.268).[92] Sie weiß, dass eine solche Umkehr dem Menschen „gegen den Strich“ geht – und dies ein Leben lang.

> „In der Schule von Ivry lernt man, dass die Bekehrung und ihre Gewaltsamkeit das ganze Leben lang dauern. Unaufhörlich gibt es in uns eine Tendenz, aus dem neuen

92 Vgl. dazu auch oben S. 66.

Leben, aus der neuen Welt, in die das ‚schwarze Licht' [des Glaubens] uns führt, unser altes Leben und eine Welt zu machen, die von Menschenhand gebaut ist: ein Leben, in dem der Glaube nichts auf den Kopf stellt; eine Welt, mit der sich der Glaube ohne Schwierigkeit verständigt.

In solche Kompromisse würden wir zurückfallen, wenn Gottes Wachsamkeit nicht zuließe, dass der Glaube echt bleibt, indem er ihn auf die Probe stellt. Es ist spannend zu sehen, wie Gottes Fantasie dabei im Leben der Heiligen am Werk ist …; sie ist auch im Leben der Leute wahrnehmbar, die wir kennen und die einfach nur gute Christen sein wollten.

Man sieht in all diesen Biografien durch ganz verschiedene Umstände und Ereignisse, wie die Vernunft, ohne sich aufzugeben, dem Glauben gehorchen muss, wie menschliches Hoffen gezwungen wird, sich in Hoffnung auf Gott zu verwandeln, wie menschliche Liebe auf die göttliche Liebe hin aufgesprengt wird.

Man kann hier unter den verschiedensten Erscheinungsformen die Äußerungen ein und derselben Lebensdynamik wahrnehmen, dieselben Bedingungen, unter denen sie sich entfalten kann und fruchtbar wird" (OC X 219f.; NK 268).

## Schicksalsgefährten der Menschen sein

In diesem Sinne immer wieder zum lebendigen Gott umzukehren, macht hellsichtig dafür, die Fremdheit, die in der Natur des Glaubens liegt, nicht mit einer „religiösen Sonderwelt" zu verwechseln. Darauf macht Madeleine aufmerksam, wenn sie den Pfarreien ihrer Zeit ins Stammbuch schreibt:

> „Damit der Glaube vernommen und seine Botschaft verstanden werden kann, müssen die, die ihn verkünden, darauf achten, dass sie von der Welt durch nichts anderes getrennt sind als durch ihren Glauben …"
> Die Pfarreien müssen verhindern, „dass wir den Glauben statt zu einem Fremdling zum Partisanen eines gesellschaftlichen Klans machen, statt zum Meister der Ewigkeit zu einem Spezialisten der Vergangenheit, statt zu einem Vermittler des ewigen Lebens zum Vermittler eines Lebensstils in dieser Zeit, statt zum Übersetzer des Mysteriums für alle Menschen zu einem Gelehrten, der die Sprache der Menschen nicht kennt" (OC X 172; NK 167).

Es kann also nicht darum gehen, sich in die Geborgenheit des binnenkirchlichen Bereichs zurückzuziehen oder ein „religiöses Innenleben" zu pflegen. Noch viel weniger kann es darum gehen, sich den Menschen gegenüber moralisch überlegen zu fühlen, die den eigenen Glauben nicht teilen. Die Erfahrung, fremd zu sein und nicht verstanden zu werden, ist für Madeleine vielmehr auch ein Anstoß, die Art und Weise zu hinterfragen, wie die Kirche – und damit auch sie selbst – den Glauben lebt: ob man sich nicht aus lauter Sorge, dem „Zeitgeist“ zu verfallen, zu wenig auf die Wirklichkeit einlässt und sich *dadurch* vom Leben der meisten Menschen unnötig und in falscher Weise „abhebt“.

> „Wir haben Anlass zu fragen, ob wir in der Kirche nicht das Wort ‚Leben‘ aus dem Evangelium genommen haben, ohne es in unsere heutige Zeit zu übersetzen.
> Unser Herr hat von einem Leben gesprochen. Er hat nicht von einem Studienprogramm gesprochen, das man durchackern muss auf ein Examen hin. Er hat nicht von einem politischen System gesprochen ..., auch nicht von einer philosophischen Lehre ...
> Er hat von einem Leben gesprochen, das wir empfangen dürfen, um aus ihm leben zu können. Von einem Leben, in dem die Gewissheit, dass Gott uns liebt, und unser Vermögen, ihn ebenfalls zu lieben, eine einzige Einheit bilden ...
> Könnte ein solches Leben weniger lebendig, wirklich, dynamisch sein als dieses weltliche, kreatürliche Leben?“ (OC XII 304; NK 228).

Eine solche Lebensdynamik lässt sich nicht in einem Getto leben. Der Gewaltsamkeit, mit der der Glaube rechnen muss, können wir nicht entrinnen, indem wir uns in irgendeiner Weise aus der Welt zurückziehen. Zum einen findet die Auseinandersetzung ja auch in unserem eigenen Innern statt und würde uns somit überall doch einholen. Zum andern wäre es ein Verrat des Glaubens, der nach außen drängt und gerade dort gelebt und verkündet werden will, wo Christus unbekannt ist. Als Christen und Christinnen müssen wir deshalb „den Menschen dieser Welt als Blutsbrüder und Schicksalsgefährten verbunden sein wollen" (OC X 172; NK 167).

*„Wenn wir uns damit abfinden, nur am Rand des menschlichen Lebens zu stehen, Dilettanten in Dingen zu sein, die das Leben der Menschen ausmachen, wenn wir es normal finden, stumm zu bleiben unter Tauben, weil wir ja doch nicht ‚zur gleichen Welt gehören', nicht die ‚gleichen Vorstellungen' haben, nicht zur ‚gleichen Partei' gehören und nicht die ‚gleiche Bildung' haben: was werden wir dann ‚aus unserem Bruder und unserer Schwester gemacht haben', wenn wir unsere gemeinsame Straße verlassen, um vor dem Herrn zu erscheinen?"*

OC X 173; NK 168

# Gott einen Ort sichern

## Eine Einsamkeit, die keiner anderen gleicht[93]

Damit Christen und Christinnen tatsächlich Schicksalsgefährten der Menschen sein können, ist es für Madeleine notwendig, sie auf die Einsamkeit vorzubereiten, die eine solche missionarische Existenz mit sich bringt: „eine Einsamkeit, die nicht trübselig ertragen wird, sondern die als unerlässliche Voraussetzung eines Wirkens Gottes unter den Menschen bejaht wird“ (CE 97; FG 73).

> „Früher dachte ich, der ‚Geist der Einsamkeit‘ sei ein persönliches Bedürfnis oder ein persönlicher Ruf.
> In den letzten zehn Jahren habe ich zu deutlich gesehen, wie Zusammenbrüche sich anbahnen, um nicht betroffen festzustellen, welche Rolle dabei die Einsamkeit spielt, auf die man kaum vorbereitet ist ... Diese Einsamkeit ... war schon durch unsere Stellung als Glaubende

93 Vgl. zum Thema Einsamkeit auch oben S. 67–70.

> inmitten der Massen gegeben, wo uns allein schon unser Glaube ein Wüstendasein auferlegt.
> Frühere Generationen dachten, dass sie dazu berufen seien, vor allem die Gemeinschaft zu pflegen; Gemeinschaft schien ihnen die normale Konsequenz des Glaubens zu sein. Nun aber hat der Glaube zwangsläufig Einsame aus uns gemacht.
> Wir dachten, dass die Einsamkeit für Christen, die den Glauben verkünden wollen, eine Art seltener und kostbarer Luxus sei, um Christus inniger und intensiver begegnen zu können; wir wussten nicht, dass gerade die Einsamkeit unser tägliches Brot werden und dass sie aus einer Menschenmenge bestehen würde" (CE 98; FG 73f.).

Diese Einsamkeit ist nicht nur die Folge eines Glaubens, der nicht mehr gesellschaftlich gestützt wird und der deshalb der bewussten Entscheidung Einzelner bedarf. Sie ist auch die Folge der Entscheidung, Gott tatsächlich den ersten Platz einzuräumen und es dann zu ertragen, als Fremdling zu gelten. Ihre Härte erweist sich schließlich in dem Auftrag, der uns Christen und Christinnen damit gegeben ist: sich stellvertretend für diejenigen zu Gott hinzuwenden, die nicht an ihn glauben oder für die er keine Rolle spielt.

> „Wenn man sich in seinem eigenen Innern, zwischen der Menschenmenge und Gott, dazu bekennt, wer Gott ist, stellt man sich in Gegensatz zur einmütigen Gewissheit der Gemeinschaft, in der man lebt, und man wird ihr Gegner, ohne dass sie darum weiß.

> Das bedeutet aber, eine Einsamkeit anzunehmen, die keiner anderen gleicht. Man ist völlig allein und völlig solidarisch. Das heißt, man muss ‚konvertieren', umkehren, und das ist schon nicht so leicht. Aber man kehrt um im Namen aller" (OC XI 184f.; AdC 173).

Eine solche „Umkehr im Namen aller" ist für Madeleine immer mehr das Gegengewicht zum religiösen Elend des Marxismus geworden, als die „notwendigste und vielleicht am wenigsten gefragte apostolische Aufgabe" (OC XI 170; AdC 159). Es ist eine Aufgabe, bei der man nichts vorweisen kann, bei der man die „Früchte" des eigenen Engagements selten zu sehen bekommt. Sie ist ein „Akt von unermesslicher Tragweite: Für einen Menschen unter den Menschen wird Gott wieder Gott" (OC XI 184; AdC 173). Die ganze Existenz ist eingefordert; nichts darf Gott vorgezogen werden; wir müssen bereit sein zu einem Leben „ohne eigene Geltung, ohne äußeren Schein, ohne Größe" (OC XI 196; AdC 184).

> „Wenn die Einsamkeit uns [dann] weinen, schreien oder – wie es oft der Fall ist – heulen lässt wie einen Hund, dann deshalb, weil wir Gott nicht ‚über alles' lieben, sondern ‚als Zugabe', und weil vieles von ‚unserem Herzen, unserer Seele, unseren Gedanken und unserer Kraft' sich an etwas hängt, was nichts mit Gott zu tun hat. Weil die Liebe, von der wir sagten, dass sie absichtslos sei, ein menschliches Interesse war, eine Garantie für unser menschliches Glück und weil die Ehre Gottes damit im Dienst unseres Glücks stand. Unter diesen Bedin-

> gungen können wir nicht behaupten, dass Gott Gott sei, und erwarten, dass man es uns aufs Wort glaubt" (OC XI 188; AdC 176).

Gott zu bezeugen, heißt dann in tiefster Konsequenz, ihm die eigene Sehnsucht, die eigene Bedürftigkeit hinzuhalten und alles von ihm zu erwarten – auch wenn das anders aussehen mag, als wir es uns vorgestellt haben. Es heißt, sich auf die Überfülle seiner Liebe einzulassen, für die man „für andere die Vollmacht erhalten hat" (OC XI 191; AdC 180).

Die damit verbundene Einsamkeit nicht nur zu ertragen, sondern sie bewusst anzunehmen, kann so zur offenen Stelle werden, durch die hindurch Gott gegenwärtig wird. Gott braucht die Einsamkeit derer, die sich von ihm berühren lassen, davon ist Madeleine überzeugt. Sie erkennt darin geradezu eine Art „Sakrament für die Welt" (IA 101; LU 91).

> „Denn was du [Gott] brauchst, um auf Erden dein Werk zu verrichten, sind nicht so sehr unsere aufsehenerregenden Taten, sondern ein gewisses Volumen an Unterwerfung, ein gewisser Grad an Hingabe, ein bestimmtes Gewicht blinden Vertrauens, irgendwo mitten unter den Menschen.
>
> Und wenn in einem einzigen Herzen dieses ganze Gewicht an Vertrauen, diese Unterwerfung, diese Hingabe zusammenkämen, würde das Antlitz der Erde ganz sicher erneuert. Denn dieses einzige Herz würde dir Zugang gewähren, wäre das Einfallstor, der Schwachpunkt, an dem die weltweite Revolte zusammenbräche" (OC III 88; GwL 36).

## Mission in der Dichte

Gott in dieser Weise einen Zugang gewähren, das geschieht vor allem in der *Anbetung*. Sie lässt sich kaum in Worte fassen, „da von uns dabei nicht die Rede ist, da sie auf Gott als Gott hinzielt“ (CE 160; FG 133). Für Madeleine schwingt deshalb immer mit, dass Anbetung mehr ist als eine Gebetsweise unter anderen. In der Anbetung geben wir Gott um seiner selbst willen die Ehre, preisen wir ihn für seine Größe, wie es im Lobgesang Mariens, dem Magnifikat, heißt. „Anbetung ist immer ‚zweck-los‘, und gerade darin liegt ihre Größe.“[94] Damit berühren wir aber auch „den Lebensnerv der Welt: den Lebensnerv „von allem, was ist, von allem, was lebt, und von allen Menschen“ (IA 100; LU 90).

Der Atheismus ihrer Umgebung drängt Madeleine fast „reflexhaft zur Anbetung“ (OC XI 151; AdC 141); sie erscheint ihr als ein „Akt elementarer Gerechtigkeit“ gegenüber Gott (JC 160) – und zugleich als „die größte Wohltat, die man der Welt erweisen kann“ (JC 202; GwL 56). Sie stärkt jedoch auch diejenigen, die beten: denn „ohne das Gebet, der vordringlichsten Aufgabe dieser Einsamkeit und dieser Solidarität, läuft man Gefahr, den Mut zu verlieren“ (IA 99; LU 89).

Denn Mut gehört dazu, auf einem solchen „missionarischen Grenzposten“ auszuharren. Madeleine nennt dies eine „Erprobung“: einen Härtetest, der unweigerlich mit diesem Dienst verbunden ist und der den Einsatz möglichst vieler Christen und Christinnen erfordert.

94 Rosemarie Nürnberg, a. a. O., 125.

> „In früheren Zeiten konnte es scheinen, als hätten die Klöster das alleinige Recht auf solche Härtetests, und die ‚Lehrer der Mystik' stellten sie uns im Habit der Ordensleute vor Augen. Heute werden sie auf der Straße bestanden, in Kleidern von der Stange" (OC X 220; NK 269).

Heute geht es darum, kontemplativ mitten in der Welt zu leben, Gott dort „einen Ort zu sichern", im Alltag der „gewöhnlichen Leute". Für Madeleine macht dies sogar den Kern eines missionarischen Auftrags aus: „Erkennen, dass hier der eigentliche Akt der Erlösung geschieht; glauben im Namen der Welt, hoffen für die Welt, lieben im Namen der Welt" (OC XIII 169; FG 14).

> „Beten heißt [dann] auch bitten ..., flehen und fordern. Das kann man ‚sein Gebet verrichten' nennen, denn es ist eine aufreibende Arbeit, eine Arbeit von Söldnern sozusagen, die von der Gnade angeworben werden, um vor Gott für diejenigen einzustehen, die abwesend sind" (JC 101; FG 77).

Es ist eine Arbeit, die ganz im Verborgenen geschieht, von deren Fruchtbarkeit Madeleine aber zutiefst überzeugt ist. Besonders eindrücklich wird dies für sie durch das Lebenszeugnis zweier Menschen, die ihre eigene Spiritualität ganz wesentlich geprägt haben: Therese von Lisieux und Charles de Foucauld. So verschieden deren Biografien auch waren, ihnen ist gemeinsam, dass sie äußerlich gesehen keinerlei „Erfolge" aufweisen konnten. Therese ist jung gestorben und hat fast die Hälfte ihres Lebens in der Zelle eines

Klosters verbracht. Charles de Foucauld, der sich danach gesehnt hatte, eine kleine Gemeinschaft zu gründen, wurde in der Sahara ermordet, ohne dass sich ihm zu Lebzeiten jemand angeschlossen hätte. Und dennoch ging von beiden schon bald nach ihrem Tod eine Bewegung aus, die ein weltweites Echo gefunden hat und die bis heute weiterwirkt.

Beiden widmet Madeleine ein Porträt, in dem jeweils aufleuchtet, was sie „Mission in der Dichte" nennt: die innige Verbundenheit mit Gott, die zu einer universalen Liebe führt – und dies in der Verborgenheit einer Klosterzelle oder in der Einsamkeit der Wüste Sahara.

> „Vielleicht war Therese von Lisieux, die Patronin aller Missionen, dazu ausersehen, zu Anfang dieses Jahrhunderts ein Schicksal vorzuleben, bei dem die Zeit auf ein Minimum zusammenschrumpft, die Handlungen auf ein winziges Format hinauslaufen, der Heroismus für die Augen der Betrachter unerkennbar wird und die Mission sich auf wenige Quadratmeter beschränkt.
> Die kleine Therese kann uns lehren, dass bestimmte Leistungen nicht mit der Uhr gemessen werden können, dass die sichtbare Seite der Taten nicht alles ist, dass zur Mission in der Weite auch die Mission in der Dichte kommen muss, mitten unter den Menschen, in jener Tiefe, wo der Geist der Menschen die Welt befragt und zwischen dem Geheimnis eines Gottes, der ihn klein und arm will, und dem Geheimnis der Welt, die ihn mächtig und groß will, hin und her schwankt. Die kleine Therese beweist für sich ganz allein, dass mit den missionarischen Bemü-

> hungen im Milieu des Marxismus nicht künstliche Dämme und Wälle gebaut, sondern lebendige Kräfte geweckt werden, genau da, wo man den Glauben untergraben will“ (OC XI 148; AdC 139).

Charles de Foucauld ist für Madeleine ein „Mensch der Anbetung“, der Gott liebt, weil er Gott ist: „Allein schon, weil er existiert, wird er allem anderen vorgezogen“ (OC VII 106.108). Neben der Heiligen Schrift war die Eucharistie die Mitte seines Lebens geworden, der Ausgangspunkt seines apostolischen Wirkens.

> „Mehr als sonst jemand wusste Pater de Foucauld um das Ausmaß der Gnade, das machtvoll in einem Tabernakel enthalten ist, das aber mit der Welt in Verbindung gebracht werden muss, das Menschen braucht, die es wie eine elektrische Leitung, wie eine Steckdose, wie einen Stromanschluss unter die ganze arme Menschheit verteilen. Und diese Menschen werden die Gnade umso besser weiterleiten können, je mehr sie zulassen, dass das Wesentliche des Evangeliums in ihnen Gestalt annimmt, das unser Herr ihnen in der Eucharistie nahebringt.
> Wenn aber im Gegensatz dazu so viele Tabernakel in unseren Städten, Dörfern und Gemeinschaften wie das Grab eines geliebten Menschen erscheinen, dann liegt das daran, dass es zu wenig Leute gibt, die davor knien und die ihren Auftrag in erster Linie darin sehen, aus der Eucharistie die Gnade zu empfangen, die

> sie zu Betern werden lässt und zu Menschen, die sich dem Dienst an ihren Brüdern und Schwestern hingeben“ (OC VII 119).

Die heilige Therese und der selige Bruder Karl (wie er oft genannt wird) sind für Madeleine damit so etwas wie „Prototypen“ einer missionarischen Existenz unter den Bedingungen der heutigen Zeit geworden. Immer geht es um eine zweifache Bewegung in der einen, unteilbaren Liebe: aus der Begegnung mit Gott zu den Menschen zu gehen – und aus der Begegnung mit den Menschen wiederum zu Gott zu gehen.

Dabei kommt es auf die äußeren Bedingungen des Lebens nicht an: Diese Liebe kann genauso in der Klausur eines Klosters oder in der Wüste Sahara gelebt werden wie „in einem unserer Häuser, in einer unserer Werkstätten, auf einer Treppe, die wir hochgehen müssen, in einem Bus, den wir nehmen. Man findet die Weite Gottes, indem man die direkte, unaufhörliche ‚Klausur‘ der Liebe zum nächsten Mitmenschen annimmt“ (OC VII 112).

## Verbindungsglieder zwischen Gott und den Menschen sein

Dies führt noch einmal zum „Kern der missionarischen Spiritualität“ Madeleines[95]: Menschen, die sich dem lebendigen Gott überlassen, werden – bei aller Gebrochenheit – zu einem Ort, an dem er gegenwärtig wird; zu „bren-

95 Vgl. Dorothee Steiof, a. a. O., 255.

nenden Dornbüschen", in denen er sich zeigt – trotz des unendlichen Unterschiedes, der zwischen ihnen und ihm bestehen bleibt. Und da Gott universale Liebe ist, kann dieser menschliche Gottes-Ort nichts anderes sein als eine Herzensbegegnung von Mensch zu Mensch, in der diese Liebe überströmt.[96] Das kann sich im schweigenden Fürbittgebet vollziehen, in der konkreten Hilfe für Notleidende, in der Begegnung mit Menschen anderer Religionen oder an scheinbar ganz profanen Orten wie einem Café in Paris. So schreibt Madeleine in dem bereits erwähnten Gedicht „Liturgie der Außenseiter":

> „Du hast uns heute Nacht in dieses Café
> *„Le Clair de Lune"* geführt.
> Du wolltest dort du selbst sein,
> für ein paar Stunden der Nacht.
> Durch unsere armselige Erscheinung,
> durch unsere kurzsichtigen Augen,
> durch unsere liebeleeren Herzen
> wolltest du all diesen Leuten begegnen,
> die gekommen sind, die Zeit totzuschlagen.
> Und weil deine Augen in den unsren erwachen,
> weil dein Herz sich öffnet in unserm Herzen,
> fühlen wir, wie unsere schwächliche Liebe aufblüht,

96 Letztlich kann es sogar so sein, dass Gott „sich darin selbst begegnet". Er ist gegenwärtig in dem, der Not leidet, und zugleich in dem, der sich diesem Notleidenden zuwendet: „Einsamkeit Gottes in der Liebe zu den Brüdern und Schwestern: Christus, der Christus bedient; Christus im Dienenden und Christus in dem, der bedient wird" (OC VII 25f.; NK 50). Vgl. den Text auch im Anhang S. 233f.

> sich weitet wie eine Rose, zärtlich und ohne Grenzen
> für all diese Menschen, die hier um uns sind."
>
> (OC III 64; KM 83)[97]

Da gibt es kein vordergründiges „missionarisches Ziel"; wenn Madeleine das Café wieder verlässt, hat sie dort keinen Flyer hinterlegt, der zu einem Besuch einer kirchlichen Veranstaltung einlädt. Es geht ihr nicht darum, Menschen, denen sie begegnet ist, als Mitglieder ihrer Gemeinde „anzuwerben". In erster Linie sieht sie sich dazu gerufen, Gottes Liebe offenbar werden zu lassen: in ihr selbst und in den Menschen, denen sie begegnet. Denn sie ist davon überzeugt, dass diese Liebe in jedem Menschen gegenwärtig ist und darauf wartet, erkannt und freigesetzt zu werden.[98] In diesem Sinne kann es für sie keine gott-losen Menschen geben. Was es aber immer gibt: dass Gott im Herzen der Menschen – Christen wie Nichtchristen – ein Schattendasein führt, dass er verkannt, geleugnet und missbraucht wird, mit tragischen und nicht selten verheerenden Folgen.

Madeleine erfährt dies in ihrem Umfeld als „eine Finsternis von außerordentlicher Dichte":

> „Nicht allein der lebendige Gott ... ist zurückgewiesen worden, sondern jeder Widerschein, jede Spur von Gott. Der Mensch genügt sich. Er will kein anderes Licht als

---

97 Vgl. auch oben S. 91–97 und im Anhang S. 223–226.

98 So schreibt sie einmal in einem Brief: „Gott tritt nicht erst in dein Leben ein, denn er ist immer schon dort. So zu tun, als sei er nicht da, hindert ihn nicht daran, da zu sein" (IA 31; LU 28).

> sich selbst. Objektiv gesehen kann der Christ in jedem Menschen die Spur Gottes entdecken, weil er in ihm Gottes Werk sieht. Subjektiv bleiben diese Spuren aber für viele Menschen unsichtbar“ (OC IX 200; NK 191).

Umso wichtiger sind Menschen, die sich immer neu dafür entscheiden, Gott einen Zugang zu ihrem Herzen zu ermöglichen. So betet Madeleine einmal abends in einer U-Bahn:

> „Wird sie, diese Liebe, die uns bewohnt, die in uns aufbricht, uns nicht umwandeln?
> Herr, Herr, lass wenigstens diese Kruste, die mich bedeckt, kein Hindernis für dich sein. Geh durch.
> Meine Augen, meine Hände, mein Mund sind dein.
> Diese so traurige Frau mir gegenüber: hier ist mein Mund, damit du ihr zulächelst.
> Dieses Kind, das vor lauter Bleichsein grau ist: hier meine Augen, damit du es anschaust.
> Dieser so müde, so müde Mann: hier ist mein Leib, damit du ihm meinen Platz gibst und meine Stimme, um ihm leise zu sagen: ‚Setzen Sie sich.‘
> Dieser so eingebildete, so dumme, so harte Bursche: hier ist mein Herz, damit du ihn damit liebst, stärker, als er je geliebt wurde“ (OC VII 87f; NK 55f.).[99]

Menschen, die sich Gott in dieser Weise zur Verfügung stellen, werden zu „Verbindungsgliedern“ zwischen ihm und den Menschen: „Ich, der HERR, habe dich aus Gerechtigkeit

99 Vgl. den vollständigen Text im Anhang S. 234–236.

gerufen, ich fasse dich an der Hand. Ich schaffe und mache dich zum Bund mit dem Volk, zum Licht der Nationen, um blinde Augen zu öffnen, Gefangene aus dem Kerker zu holen und die im Dunkel sitzen, aus der Haft" (Jes 42,6f).

Mit diesem Zitat aus dem Buch Jesaja – aus dem ersten Lied des Gottesknechts – verdichtet sich für Madeleine, was gemeint ist: Wie die Propheten des Alten Testaments und vor allem wie Jesus Christus werden wir „zum Bund mit dem Volk" gemacht, zu „Verbindungsgliedern" zwischen Gott und den Menschen.[100]

> „Damit das wahr ist, müssen das Volk, die Nationen, die Blinden, die Gefangenen für uns so wirklich und so gegenwärtig sein, wie wir für uns selbst wirklich und gegenwärtig sind. Sie müssen Fleisch von unserem Fleisch sein, Fasern unseres Herzens; sie müssen uns gedanklich immer nahe sein. Sie und wir müssen auf elementare Weise untrennbar sein. Wir müssen ihre Bestimmung zu unserer Bestimmung werden lassen, und wir sind – wie wir glauben – dazu bestimmt, das Heil zu erlangen" (OC VII 205; NK 195).

In diesem Sinne ein „Sakrament des Heils" zu sein, „Zeichen und Werkzeug für die innigste Vereinigung mit Gott wie für

100 „Es ist unser Normalzustand, dass wir das Verbindungsglied zwischen der Welt und dem Reich Gottes sind. Dieser Normalzustand ist für uns ein gewaltsamer Zustand. Wir sind hier, um im Glauben zu wachsen: wir sollen es und können es auch. Wir sind hier, um den Glauben zu verkünden: wir sollen es und können es auch" (OC VIII 101).

die Einheit der ganzen Menschheit“,[101] ist dann nur möglich, wenn Christen und Christinnen einerseits der Liebe Gottes nichts vorziehen – und wenn sie sich andererseits die „Freude und Hoffnung, Trauer und Angst der Menschen von heute“[102] voll und ganz zu eigen machen.

Dann wird der Weg der Kirche – und damit der Weg aller Getauften – zu einem Weg auf der Grenze, zu einem Weg „zwischen zwei Abgründen“: zwischen dem Abgrund, der aus der Leugnung Gottes entsteht (die sich ja nicht nur bei den sogenannten „Ungläubigen“ findet) und dem unauslotbaren Abgrund, der sich im Geheimnis Gottes auftut:

> „Wir erfahren, dass wir auf der Mittelkante wandern, wo die Ränder der beiden Abgründe aufeinanderstoßen. So verstehen wir, auf welche Weise wir Mittler sind und warum wir es sind. Wir begreifen, welchen ‚Bund‘ wir zu verwahren haben, wie wir zugleich Nutznießer und Verwalter dieses Bundes sind. Wir sind nicht mehr länger zerstreut: von der Welt abgelenkt durch Gott, von Gott abgelenkt durch die Welt“ (OC IX 204; NK 194).

---

101 Zweites Vatikanisches Konzil, Dogmatische Konstitution über die Kirche, *Lumen gentium*, 1.

102 Zweites Vatikanisches Konzil, Pastoralkonstitution über die Kirche in der Welt von heute, *Gaudium et spes*, 1.

*„Der Mittelpunkt dieses Lebens, seine Freude, sein tiefster Daseinsgrund, ohne den es uns nichtig erschiene, ist die Gabe unserer selbst an Gott, in Jesus Christus.*
*Das heißt, in dieser Welt zu sein, in sie hineingetaucht, als Parzelle der Menschheit, mit allen Fasern ausgeliefert, dargebracht, enteignet. Inseln göttlicher Anwesenheit sein. Gott einen Ort sichern. Vor allem der Anbetung überantwortet sein. Das Geheimnis des göttlichen Lebens auf uns lasten lassen, bis zum Erdrücktwerden. In den Finsternissen der allgemeinen Unwissenheit Leuchtpunkte der Bewusstwerdung Gottes sein. Erkennen, dass hier der eigentliche Akt der Erlösung geschieht; glauben im Namen der Welt, hoffen für die Welt, lieben im Namen der Welt. Wissen, dass eine Minute von glaubensbeladenem Leben, auch wenn sie sich ohne jede Aktion, ohne jeden äußeren Ausdruck vollzieht, eine schöpferische Kraft in sich trägt, die alles aufwertet und die unsere armseligen menschlichen Taten nie ersetzen können."*

OC XIII 169; FG 14

# Zu jedem Aufbruch bereit

## Umrisse einer neuen Gestalt von Kirche

### Kleine Zellen von einfacher, mitreissender und geschwisterlicher Liebe

Eine Kirche, die sich als „Zeichen und Werkzeug" der Liebe Gottes in der Welt versteht, kann nicht nur die Angelegenheit von hauptamtlich Tätigen sein.

Das Zweite Vatikanische Konzil hat dies deutlich formuliert, indem es das gemeinsame Priestertum aller Gläubigen und die gleiche Würde aller Getauften betont hat. Allerdings setzte es „völlig unreflektiert voraus, dass jeder als Kind Getaufte, wenn er erwachsen ist, auch eine vergleichbare Glaubensentscheidung getroffen hat".[103] Den Menschen eine solche Mündigkeit im Glauben *zuzusprechen* reicht jedoch nicht aus: „Es ist wie bei einem Sportler, dem das Training bisher versagt wurde. Nicht bereits durch die Formulierung seiner grundsätzlich vorhandenen Fähigkeit sind von ihm hohe sportliche Leistungen zu erwarten."[104]

Es braucht deshalb die Arbeit an einer Gestalt von Kirche, die es Christen und Christinnen ermöglicht, „die ihnen

103 Paul Weß, Gemeindekirche – Ort des Glaubens, 690.
104 Monica Gräfin von Ballestrem, a. a. O., 551.

zugetraute Verantwortung für die Lebendigkeit des Glaubens unter den Menschen auch wahrzunehmen".[105] Im Glauben mündig zu sein meint ja nicht nur Mitmachen, Mitreden und Mitbestimmen, sondern „die Übernahme von eigener Verantwortung" seitens der Getauften und Gefirmten „für den Weg der Ortsgemeinde ... aufgrund der eigenen Berufung, des eigenen Charismas und der eigenen Entscheidung füreinander und für Gott".[106]

Die Kirche kann ihren Auftrag nur erfüllen, wenn möglichst viele getaufte Christen und Christinnen erkennen, wozu sie berufen sind: zu einer Lebensgemeinschaft mit Jesus Christus und zur daraus hervorquellenden Hoffnung für sich selbst und für andere. „Wo Menschen sich nicht hineinnehmen lassen in ein so persönliches Verhältnis zu Gott, da ist nicht Kirche – auch wenn noch so viele Riten zelebriert, Sätze geglaubt, noch so viele Almosen gespendet werden."[107]

„Da ist nicht Kirche", ja, mehr noch: Da hat die Kirche in unserer Zeit und in unserer Region kaum eine Zukunft. Denn – so Karl Rahner in seinem viel zitierten Satz – „der Fromme von morgen wird ein ‚Mystiker' sein, einer, der etwas ‚erfahren' hat, oder er wird nicht mehr sein ...".[108]

105 Ebd., 530.

106 Ebd.

107 Klaus Müller, a. a. O., 142.

108 Karl Rahner, Frömmigkeit früher und heute, 11. Der Satz, der oft aus dem Zusammenhang gerissen wird, lautet vollständig: „Der Fromme von morgen wird ein ‚Mystiker' sein, einer, der etwas ‚erfahren' hat, oder er wird nicht mehr sein, weil die Frömmigkeit von morgen nicht mehr durch die im Voraus zu einer personalen Erfahrung und Entscheidung einstimmige,

In diesem Sinne mit dem Geheimnis Gottes in Berührung zu kommen, lässt sich nicht „machen". Es ist letztlich ein Geschenk. Dennoch gibt es Bedingungen, die eine Begegnung mit dem lebendigen Gott vorbereiten und fördern können. Madeleine war sich z. B. immer bewusst, dass ihre Gespräche mit jungen Christen und Christinnen in der Pariser Studentengemeinde bei ihrer eigenen Bekehrung eine große Rolle gespielt haben.

Es braucht deshalb Erfahrungsräume, in denen Menschen mit dem Evangelium in Kontakt kommen können. Räume, in denen sie sich existenziell mit ihrem Glauben auseinandersetzen und ihn vertiefen können; in denen Suchende die Gelegenheit haben, etwas vom Glauben zu erfahren, und wo Menschen, für die Gott gar kein Thema ist, einer konkreten und zugleich freilassenden Liebe begegnen, die etwas in ihnen zum Klingen bringen kann.

Dafür muss es aber auch Strukturen geben, „die es erlauben, dahin zu gehen, wo man es braucht, wo die Menschen sind. Die Menschen kommen – bei aller Sehnsucht – nicht zu veralteten Strukturen und Formen, die weder ihren Erwartungen noch ihrer Sehnsucht entsprechen".[109]

Aus soziologischer Sicht sind kleine Gruppen oder Gemeinschaften in dieser Hinsicht besonders geeignete Strukturen. „Die Tradierung von Sinngehalten setzt aus soziologischer Sicht *personalisierte* soziale Beziehungen voraus.

---

selbstverständliche öffentliche Überzeugung und religiöse Sitte aller mitgetragen wird, die bisher übliche religiöse Erziehung also nur noch eine sehr sekundäre Dressur für das religiös Institutionelle sein kann."

109 Papst Franziskus. Mein Leben – mein Weg, 87.

Wertübernahme erfolgt in der Regel durch Identifikation mit als vorbildlich erlebten Personen oder Gruppen. Die Tradierung christlicher Sinngehalte ist somit näher an bestimmte kommunikative Voraussetzungen gebunden, welche in der Regel am ehesten in kleingruppenhaften Gebilden herstellbar sind. Bereits Schulklassen dürften hierfür in der Regel zu groß sein. Es zeigt sich also, dass die Tradierung des Christentums an die nachfolgende Generation auf die Bildung sozialer Gruppen angewiesen ist, innerhalb derer christliches Gedankengut als sinnstiftend erfahren wird."[110]

Madeleines Erfahrungen weisen genau in diese Richtung. Sie sieht in kleinen Gemeinschaften eine Möglichkeit, unter den Bedingungen der heutigen Zeit „das Feuer des Glaubens" zu hüten, damit sein Licht und seine Wärme überall dorthin reichen, wo es gebraucht wird.

> „In Gemeinschaft leben heißt, für die Welt eine Art Sakrament zu nutzen. Es heißt, die Gegenwart Jesu zu sichern. Ein gemeinschaftliches Leben, das in vollkommener Liebe gelebt wird, ist ein Streichholz, das man nur schwer entbehren kann, wenn man unter den Menschen, die uns umgeben, das Feuer anzünden will" (OC XIII 175; FG 20).

Schon den Dreißigerjahren spürten sie und ihre Gefährtinnen, dass das gemeinsame Leben am tiefsten dem entspricht, was sie zu leben versuchten: wie Jesus Christus ganz bei Gott und zugleich ganz bei den Menschen zu sein, vor allem bei

110 Franz-Xaver Kaufmann, Kirche begreifen, 142.

denen, die nicht zur Kirche gehören.[111] Die Gemeinschaft gab jeder Einzelnen den nötigen Rückhalt für diese Situation im „Grenzfeld der Kirche“, dort, wo Christus unbekannt ist; denn dorthin wussten sie sich von Gott geführt. Die Liebe, die sie nach außen hin bezeugen wollten, wurde im gemeinsamen Leben konkret: „Schon allein die schlichte Gemeinschaft unter einem Dach und an einem Tisch kann eine wahre Goldgrube der Liebe sein“ – so Madeleines Erfahrung (OC XV 102; FG 43).

> Denn „das gemeinschaftliche Leben ist vor allem das Feld, auf dem sich unsere Liebe einwurzeln kann. Hier können wir den Zustand unserer Liebe am besten prüfen, festigen, weiten. Und das niemals zu niedrigen Preisen“ (OC XIV 129; FG 39).

Madeleine und ihre Gefährtinnen lebten als kleine Gruppen – „*équipes*“ – in verschiedenen Mietwohnungen miteinander unter einem Dach. Das ist jedoch nicht die einzige Möglichkeit, eine Zelle von Kirche zu bilden. Heutzutage gibt es in vielen Ländern z. B. die sogenannten Kleinen Christlichen Gemeinschaften, es gibt die Basisgemeinden in Lateinamerika, die örtlichen Gemeinden in Frankreich, und es gibt neue geistliche Gemeinschaften und Bewegungen. In so manchen Pfarreien im deutschsprachigen Raum wächst längst auch das Bewusstsein dafür, dass es Menschen braucht, die miteinander versuchen, in verschiedener Weise vor Ort Kirche zu sein. Ein Beispiel dafür ist die Basis-

---

111 Vgl. oben S. 48–53.

gemeinde in der Pfarre „Machstraße“ in Wien, die bereits 1973 unter Paul Weß entstanden und nach wie vor lebendig ist.

Gerade da, wo Christen in einer Minderheitssituation leben, können solche kleinen Zellen von Kirche zu Orten werden, in denen diejenigen, die dazu gehören, in ihrem Glauben gestärkt werden und wo Menschen außerhalb der Kirche einer lebensnahen und „möglichst verständlichen Verkündigung des Evangeliums“ (CE 68; FG 49) begegnen.

> „Ohne es gewollt und vorhergesehen zu haben, merken wir, dass das gemeinschaftliche Leben vielleicht entstanden ist, damit wir schnell dahin gehen können, wo es drängt; um dort mit aufzuspringen, wo sich die Gesellschaftsformen rücksichtslos wandeln; um uns im Rhythmus der menschlichen Entwicklungen zu entfalten.
> Vielleicht hat Gott gewollt, dass ihm in der Kirche diese winzigen Gemeinschaften durch Katastrophen und Umwälzungen hindurch zu Diensten stehen – und er hat sich vorbehalten, einer so kleinen Sache Festigkeit und Energie zu verleihen, unter der Bedingung, dass wir für die Liebe zu ihm wie für die Liebe zur Welt restlos verfügbar sind“ (CE 94; FG 71).

Die traditionellen Pfarreistrukturen sind für einen solchen Aufbruch oft zu schwerfällig. Madeleine hat erlebt, dass es bei den meisten Pfarreimitgliedern in Ivry auch die Tendenz gab, sich gegenüber ihrer atheistischen Umwelt abzuschotten, sodass „die Pfarrei Ivry-Centre als Gemeinschaft fast völlig von jedem nichtgläubigen Milieu abgeschnitten ist“.

„Was noch schwerer wiegt, ist, dass die meisten Christen, die zu dieser Gemeinde gehören, innerlich vom Milieu der Nichtchristen getrennt sind, obwohl sie doch im selben Viertel wohnen oder miteinander arbeiten.
Und noch schlimmer ist es, dass sich viele von ihnen den Nichtchristen gegenüber oft gleichgültig oder feindselig verhalten. Viele Christen, die nur unter sich leben, haben keine Ahnung, wie das Christentum auf Menschen wirkt, die nicht glauben; das lässt sie einander fremd werden ... Einige Leute, die von den ungläubigen Massen bis ins Herz getroffen worden sind, mussten erleben, dass sie früher oder später von der Pfarrei abgewiesen wurden, in der sie einen ‚Fremdkörper‘ bildeten. Ihr Rückzug hat die Pfarrei um ihre wertvolle Präsenz gebracht, und sie selbst sind dadurch auch ärmer geworden ... Die Konvertiten hingegen haben in der Pfarrei nicht immer eine Gemeinschaft gefunden, die voll und ganz auf ihre persönlichen Bedürfnisse und auf die Bedürfnisse ihrer nichtchristlichen Umgebung, in der sie ja durch ihre Familie und ihre Arbeit weiterhin blieben, eingegangen wäre.
Und wenn es Suchende gab, die gerne mit Christen ‚gesprochen‘ hätten, so konnten sie in der Pfarrei nicht immer Menschen finden, die ‚ihre Sprache‘ gesprochen hätten, und so sind sie leeren Herzens wieder gegangen.
Solche Vorkommnisse, die überall schon schwer wiegen, werden in einer Bevölkerung, in der es nur eine ver-

> schwindende Minderheit von Christen gibt, besonders dramatisch“ (OC II 175f.; vgl. im Anhang S. 227–232).

Der Adressat dieses langen Briefs, Pfarrer Widemann, sah seine Aufgabe offenbar darin, sich vor allem um die Gläubigen seiner Pfarrei zu kümmern. Gegenüber dem Lebensmodell von Madeleine und ihren Gefährtinnen hatte er von daher einige Vorbehalte. Um mit ihm im Dialog zu bleiben, hat sie ihm auch die Gründe für ihre Entscheidung dargelegt:[112]

> „Es scheint … vor allem notwendig zu sein, die Christen – oder zumindest einen Teil von ihnen – dahin zu bringen, dass sie geschwisterlich mit den Nichtchristen leben. Deshalb hielten wir es auch für nützlich, dass neben all den großen Möglichkeiten der Verkündigung kleine Zellen entstehen, die von einfacher, mitreißender und geschwisterlicher Liebe geprägt sind …
>
> Wir versuchen, miteinander diejenigen zu verstehen, die das Licht des Glaubens nicht haben. Wir versuchen zu verstehen, warum sie uns nicht verstehen. Wir helfen uns gegenseitig dabei, ihnen zu helfen, sie aufzunehmen, ihnen das zu geben, was Gott ihnen durch uns geben will. Wir versuchen, die Gaben der Christen besser zu verstehen, denen wir begegnen, um mit ihnen in einer lebendigen Einheit zu leben.

---

112 Vgl. Anhang S. 227–232. Vgl. auch oben S. 94f.

> Es geht uns eher darum, diese kleinen Zellen zu vermehren, als sie zu vergrößern, damit sie echte, warmherzige Familien ohne Formalismus bleiben.
> Es geht also nicht darum, einen Staat im Staat zu schaffen oder eine Pfarrei in der Pfarrei ..., sondern eine Art Strom von Liebe in der Pfarrei fließen zu lassen, der letztlich ihren eigenen Früchten zugute kommt ...
> Es wäre für uns ... sehr schmerzlich, wenn Sie glauben, dass wir eine Art ‚Geheimbund' sind. Unser Weg in Ivry hat uns zu denen geführt, die ‚ohne Gott' sind, und sie sind zu einsam, als dass wir sie im Stich lassen könnten. Wir gehen in ihrem wie in unserem Namen zu unserer Pfarrei, die auch die ihre sein müsste ...
> Was auch immer Sie entscheiden: es ist in Ordnung, denn Sie sind unser Pfarrer – aber Sie sind auch der Pfarrer ‚all der anderen', und Sie haben die Gnade für sie wie für uns empfangen" (OC II 177f).

Dieser Brief ist geradezu einer der Schlüsseltexte Madeleines für einen Strukturwandel von Kirche, der „sich von unten her durch Basisgemeinden freier Initiative und Assoziation aufbaut".[113] Verschiedene Kennzeichen eines solchen Wegs kommen zur Sprache, wie Madeleine sie auch noch an anderen Stellen beschreibt – auch wenn sie zu keinem Zeitpunkt beansprucht hat, „absolute oder allgemeine Grundsätze" aufzustellen. „Wir befinden uns irgendwo in dem, was

113 Karl Rahner, Strukturwandel der Kirche als Aufgabe und Chance, 129.

überall aufkeimt und unterliegen den Gesetzen der Perspektive" (CE 27; FG 13).

*– Sich um das Evangelium versammeln*

Wenn Madeleine nach ihrer Lebensform gefragt wurde, hat sie oft als Erstes davon gesprochen, dass sie und ihre Gefährtinnen versuchen wollten, „die Lebensweise Jesu zu teilen, seine Worte, seine Gebärden, seine Weisungen heute zu leben" (OC XIII 171.168; FG 14.16). Deshalb haben sie sich als Gemeinschaft immer wieder um das Evangelium versammelt.

> „Wir wollen uns dem Wort Gottes immer mehr angleichen und lernen von ihm, wie wir die Menschen lieben können, indem wir ihn, unseren Gott, lieben.
> Wir nehmen die Weisungen Christi und die des heiligen Paulus wörtlich und folgen ihnen ganz einfach, wie Kinder, die gehorchen. Wir entnehmen dem Evangelium das Wesentliche, das ganz einfach ist, und leben es; wir entzünden es mitten unter den Ungläubigen und bringen diese göttliche Gabe mit allen in Kontakt, die uns begegnen – egal, aus welchem Milieu sie kommen, wo sie wohnen oder was sie arbeiten" (OC II 178, vgl. Anhang S. 228).

Die regelmäßige Schriftmeditation wurde so zu einem Fundament ihres gemeinschaftlichen Lebens. Oft haben die Frauen sich zum Beispiel nach dem Abendessen zusammengesetzt, um zunächst die Nachrichten zu hören (im Radio und später im Fernsehen) und im Anschluss daran miteinander das Evangelium vom Tag zu lesen, darüber zu sprechen und es mit dem in Verbindung zu bringen, was ihnen aus den Nachrichten entgegenkam und was jede Einzelne im Lauf des Tages bewegt hatte. So versuchten sie, gemeinsam hinzuhören, „was der Herr sagt, was er verlangt, wofür er das Beispiel gibt" (JC 230; GwL 92) und welche praktischen Konsequenzen das dann für sie haben könnte.[114]

*– Beten*

„Es gibt kein Leben nach dem Evangelium ohne Gebet", dessen war sich Madeleine sicher. „Wir wollen dem Gebet den Platz einräumen, den es im Evangelium einnimmt: das heißt den Platz eines Angelpunkts, einer Achse, eines motorischen Nervs" (CE 164; FG 136f.). In einem kontemplativen Kloster hat das eine andere Gestalt als im „Leben der Leute von der Straße", wie Madeleine sich und ihre Gemeinschaft gerne nannte. Doch es ist dort nicht weniger nötig und auch nicht weniger möglich.

> „Es ist wahr: Man kann heute nicht mehr beten wie früher, es sei denn, man wäre in einem Kloster oder in einer bestimmten außergewöhnlichen Lebenslage. Doch folgt daraus keineswegs, dass man nicht mehr beten soll, nur anders wird man beten müssen, und dieses ‚anders' gilt es zu entdecken" (JC 199; GwL 52).

---

114 In den Achtzigerjahren konnte ich bei meinen Besuchen in Ivry immer wieder an solchen Schriftmeditationen teilnehmen, die nach dem Abendessen an dem großen Esstisch im Wohnzimmer stattfanden. Zu der Zeit lebten noch die meisten Gefährtinnen Madeleines.

Denn das Gebet „ist wie die Luft, die man atmet, wie die Luft, die lebensnotwendig ist“ (OC VII 169). Und zugleich ist das Gebet „die größte Wohltat, die man der Welt erweisen kann“ (JC 202; GwL 56).

Davon war auch Charles de Foucauld überzeugt, dessen Sehnsucht es war, eine „Fraternität des Gebets und der Gastfreundschaft zu gründen“. Er dachte vor allem daran, „dass sich die Christen in Minderheitssituationen zu kleinen Gemeinschaften zusammenfinden, um ein stilles, verborgenes, vom Geheimnis Gottes berührtes Leben zu leben“.[115] Ein verborgenes Leben, das aber dennoch mitten in der Welt gelebt werden kann, wie Madeleine schreibt:

> „Ein Freiluftleben, den vier Winden ausgesetzt. Vom Geheimnis Gottes magnetisch angezogen, von ihm gebannt. Nichts von dem verachtend, was auch Jesus nicht verachtet hat: die tiefen, oft langen Ruhepausen, in denen man allein in Gott eintaucht. Und doch ein Gebet, das sich wie das Gebet Jesu nicht auf diesen Rückzug eindämmen lassen will. Ein Gebet, das durch alle Stunden hindurchströmt und sie durchtränkt, das bei jeder Begegnung aufflammt wie Holzfeuer. Hervorgelockt durch die Welt und nicht gehindert durch sie. Es bewässert sie mit Gnade, es wendet sie – wie gegen ihren Willen – Gott zu, es polarisiert sie ohne ihr Wissen auf ihr wahres Geschick hin: Es bekehrt sie“ (OC XIII 170; FG 15f.).

115 Jakob Paula, Nazareth ist überall, 530.

*– Gemeinsam den Willen Gottes suchen*

Im Gebet und in der gemeinsamen Schriftmeditation haben Madeleine und ihre Gefährtinnen immer wieder danach gesucht, was in einer konkreten Situation der Wille Gottes ist.

> „Der Gehorsam, die Suche nach dem göttlichen Willen [muss] in einer missionarischen Gemeinschaft wie ein gemeinsamer ‚Heißhunger' sein, der immer wach und aufmerksam nach dem Willen ihres Herrn Ausschau hält" (CE 134; FG 106).

In jeder Gemeinschaft stellt sich einmal die Frage, wie man zu Entscheidungen kommt, vor allem wenn die Einzelnen unterschiedliche Meinungen dazu haben, was zu tun oder was zu lassen ist. Im zivilen und auch im kirchlichen Leben haben wir uns an demokratische Spielregeln gewöhnt, die zu Mehrheitsbeschlüssen führen. Dabei werden freilich mehr oder weniger große Minderheiten überstimmt. Die biblische Tradition spricht dagegen von der „Einmütigkeit" als einer Weise der Wahrheitsfindung, bei der letztlich alle mitgehen können. Ein bekanntes Beispiel ist die Lösung des Konflikts, der sich in den ersten christlichen Gemeinden zwischen Judenchristen und Heidenchristen ergab (vgl. Apg 15, 1–35 und Gal 2,1–10): Beide Seiten haben einander schließlich zugetraut, dass der Geist Gottes in ihnen am Werk ist.[116]

116 Vgl. dazu z. B. Paul Weß, a. a. O., 661f. und Marianne Heimbach-Steins, Unterscheidung der Geister – Strukturmoment christlicher Sozialethik, 250f.

Der Weg zur Einmütigkeit ist ein zutiefst geistliches Geschehen, das von Gebet und Meditation geprägt ist, aber auch von der Entschiedenheit, einander zu achten und sich selbst zurückzunehmen, um gemeinsam zu hören, was sein soll; denn „wir können den Willen Gottes nicht heraushören, wenn wir ein ‚beeindrucktes', leidenschaftliches, verhärtetes oder voreingenommenes Herz haben" (CE 141; FG 113).

> „Man muss sein Herz aufrichtig reinigen, schon ein wenig im Voraus, um die Gnade einer christlichen Versammlung zu empfangen und um in den ‚Genuss' dieses Sakraments zu kommen: ‚Wo zwei oder drei in meinem Namen versammelt sind, da bin ich mitten unter ihnen' – die Gegenwart Jesu, wenn wir gemeinsam die Aufrichtigkeit, die Wahrhaftigkeit, die echte Liebe suchen" (CE 80; FG 60).

*– Von der Liebe ausgehen*

Eine solche Weise des Umgangs miteinander erfordert einiges an menschlicher Reife und Begegnungsfähigkeit. Es erfordert vor allem aber auch die Bereitschaft, die Liebe zum Grund und Maßstab der Gemeinschaft werden zu lassen.

> „Wir versammeln uns nicht aufgrund einer Verwandtschaft von Fleisch und Blut; auch nicht wegen eines gemeinsamen Berufs oder wegen derselben sozialen Herkunft; auch nicht zum Wohl einer Klasse oder einer Rasse; auch nicht im Namen einer schon bestehenden Freundschaft, und auch nicht innerhalb der Grenzen ei-

> nes Lebensalters ... Als Basis und Nerv unseres gemeinsamen Lebens können wir nur auf die geschwisterliche Liebe zählen" (CE 55; FG 37).

Wenn die Einzelnen sich immer wieder – auch durch Konflikte hindurch – auf die Liebe Christi beziehen, aus der sie leben und die sie im Umgang miteinander fühlbar werden lassen, dann kann eine Gemeinschaft „ein gemeinsames und öffentliches Zeugnis christlichen Lebens sein" (CE 91; FG 69). Sie lässt aufleuchten, wer Gott ist und was er mit uns Menschen vorhat; sie lässt erkennen, dass „das lebendige Gewebe" der Kirche „aus der gegenseitigen Liebe der Christen besteht" (OC VIII 136; NK 244).

> „Die Welt hat das Recht auf unsere heilen und heiligen Gemeinschaften: Wenn eine Gemeinschaft diese Eigenschaften verliert, verschwindet damit auch die Gegenwart des Herrn ... Es gibt kein Rezept dafür, wie man ein liebender Mensch wird; man muss bis zum Herzen Christi vordringen, um das Mittel dafür zu finden. Alles Übrige reicht nicht über Kniffe hinaus" (CE 54; FG 36).

Das ist dann täglich in die kleine Münze des Alltags umzusetzen. Madeleine spricht aus langjähriger Erfahrung, wenn sie bekennt, dass zwar alle davon überzeugt waren, „dass man ‚Gott über alles lieben' müsse und ‚seinen Nächsten wie sich selbst', dass aber jede ihre eigene Auffassung und ihre eigene Version dieser Liebe" hatte (CE 87; FG 66). Als Verantwortliche ihrer Gemeinschaft hat sie deshalb versucht, die Bedürfnisse ihrer Gefährtinnen ernst zu nehmen und einen

Weg zwischen „Kleinlichkeit und Anarchie" (CE 61; FG 42) zu finden. Nicht zuletzt waren es ihr Humor und ihre erfinderische Fantasie, die das gemeinsame Leben immer wieder entspannt und erleichtert haben. „Vergiss nicht, dass das Zusammenleben mit dir genügen kann, sich den Himmel zu verdienen" – so lässt sie einmal ihren „kleinen Mönch", den liebenswürdigen Alltagschristen, sagen (KM 58).

> Das Gemeinschaftsleben ist dann „nichts anderes als eine gründliche, heftige Ventilation, die uns daran hindern soll, zu verkohlen oder unter der Asche zu verglimmen, damit draußen jeder Einzelne das bekommt, was er von der Liebe erwarten darf" (CE 67; FG 47f.).

*– Gastfreundlich sein*

Von Anfang an war es der Wunsch Madeleines und ihrer Gemeinschaft, dass ihr Haus ein „Haus der offenen Tür" ist: dass Menschen kommen und gehen können, dass sie aufgenommen werden als die, die sie sind.

> „Es gibt eine Gnade der Gastfreundschaft. Wir möchten ihre Frische wiederfinden, so wie die ersten christlichen Gemeinschaften sie gekannt und gelebt haben. Gastfreundschaft heißt, dass die anderen sich bei uns zu Hause fühlen. Zu den Mahlzeiten werden sie erwartet, auch wenn sie nicht eingeladen sind. Unser Dach ist das ihre ... Alles, was es in unserem Haus gibt, gehört ihnen, wenn sie es brauchen ... Im Gast empfangen wir Jesus in einer

> Art gemeinsamer Kommunion; durch ihn lassen wir Jesus lebendig werden, der in seinem Leben das jüdisch-orientalische Gesetz der Gastfreundschaft erfüllt hat" (CE 31 f.; FG 17).

Das führte die Gemeinschaft in immer neue Abenteuer. Eine afrikanische Familie mit sechs Kindern wurde einmal eine Zeit lang untergebracht. Im Garten entstand eine Produktionsstätte für spanische Spezialitäten, damit Carmen und Alberto – die aus einem deutschen KZ geflohen waren – ihr Auskommen hatten.[117] Jeden Tag waren Nachbarn im Haus, die von ihren Sorgen und Freuden erzählten. Das kleine Wohnzimmer in der Rue Raspail wurde zum Ort, wo wichtige Lebensentscheidungen besprochen wurden, wo aber jemand auch einfach nur eine Zigarette oder eine Tasse Kaffee bekommen hat. Jeder Tag brachte neue Begegnungen, und jeder Name, jedes Schicksal war unendlich kostbar; denn

> „... das Reich Gottes ist die Begegnung Gottes mit einer Menschheit, die aus Einem, plus Einem, plus Einem besteht. Es taucht nicht aus einer anonymen Masse auf, sondern wird von Pierre, Jacques und Jean empfangen und von ihnen an andere Pierres, Jacques, Jeans weitergegeben. Das Reich Gottes ist nicht die Liebe zur Welt, sondern die zu den Menschen" (OC VII 190; NK 98).

Heutzutage wird jede Gemeinschaft, jede Gruppe und jede Gemeinde ihre eigene Weise zu finden haben, eine „Kirche mit offenen Türen" zu sein. Familien können z. B. (als „Haus-

117 Vgl. oben S. 129.

kirche") diese Offenheit praktizieren, und in Klöstern gehört die Gastfreundschaft ja seit jeher zum Kern ihres Auftrags. In jüngster Zeit geben darüber hinaus viele christliche Gemeinden durch die Aufnahme von Flüchtlingen ein beeindruckendes Zeugnis von ihrem Glauben.

*– Einheit in Vielfalt leben*

Je klarer sich das Profil ihrer kleinen Gemeinschaft entwickelte, desto wichtiger wurde für Madeleine die Frage der Einheit: die Einheit untereinander als Gruppe, die Einheit mit der Kirche vor Ort und gegen Ende ihres Lebens auch die Einheit der verschiedenen christlichen Kirchen.

Verwirklichen lässt sich dies „nur für und durch die Liebe" (CE 89; FG 68). Je mehr sich die Einzelnen auf Jesus Christus beziehen, je mehr sie sich von seiner Liebe leiten lassen, desto mehr wächst in ihnen auch das Verlangen nach der Einheit, um die Jesus kurz vor seiner Passion im Johannes-Evangelium gebetet hat: „Alle sollen eins sein" (Joh 17, 21). Jesu Sehnsucht – oder die „Vision" Gottes – ist die Einheit *aller* Menschen, nicht nur der Christen und Christinnen. Das Zweite Vatikanische Konzil spricht deshalb der Kirche den Auftrag zu, „Zeichen und Werkzeug für die innigste Vereinigung mit Gott wie für die Einheit der ganzen Menschheit" zu sein.[118]

---

118 Zweites Vatikanisches Konzil, Dogmatische Konstitution über die Kirche *Lumen gentium*, 1.

Einheit zu leben ist damit der Auftrag jeder auch noch so kleinen Zelle von Kirche, ja: jedes einzelnen ihrer Glieder. Nicht zuletzt auch dann, wenn es zu Konflikten kommt – und davon ist die Geschichte der Kirche auf allen Ebenen bis heute gezeichnet.[119] Umso eindringlicher wirbt Madeleine dafür, miteinander im Gespräch und vor allem „im Geist Christi zu bleiben“, wie sie einmal einem Priester schrieb.[120] Deshalb hat sie sich immer auch als Mitglied ihrer Pfarrei verstanden und versucht, diese Verbundenheit zum Ausdruck zu bringen, wie der schon zitierte lange Brief an ihren Pfarrer zeigt. Und deshalb lag ihr auch daran, den Christen und Christinnen in Ivry verständlich zu machen, dass sie das Evangelium unter Menschen leben wollen, die Christus nicht kennen:

---

119 Derzeit gibt es z. B. verschiedene Gruppierungen, die sich bewusst „römisch-katholisch“ nennen. Sie „sammeln über Internetportale, Zeitungen und Zeitschriften, Fernsehstationen, Vereinigungen oder Gebetsgruppen bestimmte Altersgruppen oder generationenübergreifend alle Altersgruppen. Die dort gepflegte Haltung des Gegeneinanders oder Nebeneinanders ist das Gegenteil dessen, wozu Papst Franziskus aufruft: ‚Christen sind dazu berufen, nicht gegeneinander zu leben, sondern mit den anderen, in den anderen und für die anderen‘“ (Martin Werlen, Angesichts der Traditionen die Tradition nicht vergessen, 464).

120 Mit diesem Priester gab es einen Konflikt in Bezug auf den Status der Gruppe Madeleines. Die Frauen wollten ganz bewusst eine Gemeinschaft von Laien sein und sich nicht in kirchenrechtliche Kategorien einordnen lassen. Der Priester hielt sie deshalb für eine „illegale Gruppe, die nach dem Gesetz gar nicht existiert“, und schrieb an Madeleine: „Nur im beiderseitigen Respekt gegenüber den Prinzipien, die das bürgerliche und das christliche Leben regieren, können wir wieder zum Frieden miteinander finden.“ Madeleine hat ihm postwendend geantwortet, dass „der Friede jenseits solcher Fragen liegt“, nämlich in der „Pflicht, im Geist Christi zu bleiben“ (Unveröffentlichte Briefe, September 1946).

> „Wir leben dies [aber] in unmittelbarer Nähe zu unseren christlichen Brüdern und Schwestern, damit sie davon wissen, damit sie Sehnsucht danach bekommen und selbst damit beginnen, ‚diejenigen, die verloren sind', leidenschaftlich zu lieben" (OC II 178; vgl. auch im Anhang S. 228).

Einheit bedeutet jedoch keinesfalls Einheitlichkeit. Im Gegenteil: Je mehr die Einzelnen, die Gemeinschaften und auch die Kirchen zu sich selbst finden, desto mehr sind sie zur Einheit fähig. Und umgekehrt: Je mehr sie in Jesus Christus zur Einheit finden, desto mehr sind sie sie selbst in ihrer Buntheit und Vielfalt.

Deshalb war es auch das erklärte Ziel der Gemeinschaft Madeleines, dass sich „die Einzelnen nicht voneinander trennen und doch jede sie selbst bleibt. Gemeinsam bemühen sie sich, dass jede ihren Gott findet und von ihm gefunden wird" (CE 135; FG 107).

> „Man muss sich klarmachen, dass Einheit nicht Uniformität bedeutet; man ist immer versucht, eine bequeme Einheit zu suchen, in der alle das Gleiche auf gleiche Weise tun wollen. Man soll aber im Gegenteil versuchen, im Geist Christi die Persönlichkeit eines jeden zu sehen und sich von den Bildern zu lösen, die man sich von den anderen macht" (OC XIII 215; FG 36).

Was auf der Ebene des alltäglichen Miteinanders im Leben einer Familie, im Leben einer Gemeinschaft und im Leben einer Pfarrei gilt, gilt ebenso für die ökumenischen Beziehungen zwischen den verschiedenen christlichen Kirchen. Es geht nicht um eine „Einigung auf den kleinsten Nenner oder um eine Verarmung der eigenen Identität. Wir sollen nicht weniger, sondern mehr katholisch werden. Wir sollen nicht weniger, sondern mehr evangelisch werden."[121]

Ähnliches gilt letztlich auch für den Dialog der Religionen. Für Madeleine war das noch kaum ein Thema, doch in unserer globalisierten Welt treffen Menschen mit vielen religiösen Traditionen aufeinander. Madeleines Grundhaltung kann auch hier wegweisend sein: Je mehr man im eigenen Glauben verwurzelt ist, desto mehr kann man sich auf den Glauben anderer einlassen und das Wirken des Geistes Gottes darin erkennen. „Christen müssen und dürfen [dabei] nicht den Glauben verlieren, dass Jesus in seiner Person die Fleisch gewordene Weisheit ist, deren Ankunft erlösende Bedeutung für die gesamte Menschheit hat. Sie dürfen auch nicht aufhören, anderen von der Schönheit des Evangeliums und seiner Rolle in ihrem Leben zu berichten. Das ist der Schatz, der unseren Händen in der lebendigen Tradition des christlichen Glaubens anvertraut ist". Doch das „braucht

121 Kardinal Walter Kasper beim Neujahrsempfang 2017 der Diözese Bamberg. Madeleine nahm 1959 an einer ökumenischen Versammlung in Bossey teil, die für sie zu einem Schlüsselerlebnis in der Frage der Einheit der Kirchen wurde. Schon damals war sie davon überzeugt, dass die verschiedenen Kirchen „jede Gelegenheit nutzen [sollen], um gemeinsam dem Gesetz der Liebe im Evangelium zu gehorchen, seinen einfachsten Weisungen wie der Bergpredigt und wie den beiden ersten Geboten. Wir schulden der Welt die lebendige Kunde dieser Weisungen, der einen so wie der anderen" (OC IX 185).

nicht und darf nicht bedeuten, dass anderen Traditionen Gottes gnadenvolle Gegenwart und sein Handeln vorenthalten wurden ... Gott ist doch ‚größer als unser Herz' (1 Joh 3,20) und nimmt sich die Freiheit, tätige Liebe in allen Lebensgeschichten und Traditionen zu sein."[122]

## Eine gegenseitige Pflicht zur Demut und zur Achtung voreinander

Eine „Kirche im Aufbruch" verwirklicht sich auf verschiedene Weise – auch das gehört zur Einheit in Vielfalt. Einerseits wird die Überlieferung des Glaubens „Begegnungen und dauerhafte Kontakte in kleinen überschaubaren Einheiten" erfordern, sodass es als „existenznotwendige Kristallisationspunkte von Kirche auch die ... verbindlichen basiskirchlichen Gemeinschaften" braucht.[123] Andererseits gibt es vielfältige Weisen der Nähe und Distanz zur Kirche, vielfältige Weisen, Kirche zu sein und zu werden: in Verbänden, Initiativen, Einrichtungen, Gruppen, Ordensgemeinschaften und geistlichen Zentren sowie bei all denen, die ihren Glauben in der Familie oder als Einzelne leben, ohne sich einer Gruppe oder einem Projekt zuordnen zu wollen. Die Kirche im deutschsprachigen Raum ist zudem eine „Kir-

122 Elizabeth A. Johnson, a. a. O. 259f. Vgl. z. B. auch die Aussagen des Zweiten Vatikanischen Konzils über das Verhältnis der Kirche zu den nichtchristlichen Religionen „Nostra aetate": „Die katholische Kirche lehnt nichts von alledem ab, was in diesen Religionen wahr und heilig ist (NA 2).
123 Monica Gräfin von Ballestrem, a. a. O., 555.

che der Ungleichzeitigkeit", deren einzelne Glieder „sich hoffend und liebend annehmen und ertragen müssen".[124]

Es wird zunehmend die Aufgabe von Priestern sein, die Gläubigen dabei zu unterstützen und so der Gemeinschaft zu dienen, die aus Einzelnen, aus Gruppen und aus verschiedenen Gemeinden besteht. Dabei kann der Feier der Eucharistie eine tragende Rolle zukommen: als „Vernetzungs-Feier einer pluralen Situation" verbindet sie die unterschiedlichen Menschen mit Christus und untereinander. Christen und Christinnen hätten dann die Chance, „Gott tatsächlich als Gott ihres konkreten Lebens und ihrer Gemeinschaft zu feiern".[125]

Madeleine sah sich selbst und ihre Gefährtinnen immer in einem größeren Zusammenhang: im Zusammenhang mit den missionarischen Aufbruchsbewegungen der französischen Kirche seit den Vierzigerjahren des vergangenen Jahrhunderts und mit dem Entstehen geistlicher Gemeinschaften, die nach neuen Formen suchten, ihre Hingabe an Gott mitten in der Welt zu leben. Vor allem sah sie sich in der langen Geschichte der Kirche verortet, in der „der Einzelne *seine* Gebärde zu tun [hat]. Aber diese Gebärde ist nur eine Schwingung innerhalb des *unaufhörlichen* und *universalen* Vorandrängens des Heiligen Geistes. Sie ist von allen Seiten von anderen umfasst, die sie vorbereiten, ergänzen, weiterführen" (OC VII 181; NK 92).

124 Karl Rahner, Strukturwandel, 47.

125 Monica Gräfin von Ballestrem, a. a. O., 355f.

„So ergibt sich für diese Gemeinschaften eine gegenseitige Pflicht zur Demut und zur Achtung voreinander und zur Einheit.
Gott allein kennt ihre Zukunft. Es ist wie bei den Knospen eines alten Baumes; manche sind dazu bestimmt, neue Zweige zu bilden, andere, zur Erde zu fallen, um selbst zu Erde zu werden und den ganzen Baum zu nähren.
Niemand weiß um ihr eigentliches Geschick, um ihren Austausch untereinander, um die einander ergänzenden Elemente, die zu einem Ganzen beitragen, das wir noch nicht kennen.
Deshalb können sie sich aufgrund der Liebe nicht voneinander trennen, ohne damit die Gedanken Gottes zu beschränken, der sie zusammen gewollt hat und sie zusammen ihrer Bestimmung zuführt" (OC XIII 178; FG 23).

## Wir sind zu jedem Aufbruch bereit

„Impulse für Realisten": So lautet der Untertitel dieses Buches. Madeleines prophetisches Zeugnis kann Mut machen, inmitten unserer Zeit mit ihren enormen Herausforderungen das „Vorwärtsdrängen des Heiligen Geistes" zu erkennen und mit der je eigenen „Gebärde der Liebe" in diese Bewegung mit einzuschwingen.

Dieses Wirken des Heiligen Geistes mag vielleicht nicht immer sichtbar sein. Es gibt Widerstände und Rückschläge, und der eigene Einsatz mag manchmal vergeblich erscheinen. In Madeleines Leben leuchtet aber auch auf, dass „die sichtbare Seite nicht alles ist". Da, wo sich ein Mensch im Knotenpunkt der Liebe verankert und darin die eigene Berufung findet, verändert sich etwas um ihn herum.

> „Seien Sie eine kleine Zelle der Liebe da, wo Sie sind, und Sie werden für die Sache Gottes mehr bewirken als eine ganze Armee ...
> Sich seiner Liebe ausliefern heißt Gott zur Welt bringen, ihn dahin bringen, wo man ist: in seine Gruppe, in seine Stadt, in sein Land und in die Kirche. Das ist dann eine unglaubliche Quelle geistgewirkter Kraft, die alles, was geschieht, in unvorstellbarer Weise umkrempeln kann" (OC I 320).

Darauf hat Madeleine unermüdlich gebaut, durch alle Rückschläge und Vergeblichkeiten hindurch. Sie hatte deshalb auch keine Angst vor der Zukunft der Kirche und vor der Zukunft ihrer kleinen Gemeinschaft. Sie wusste nur: Um Gott und seinem Evangelium treu zu bleiben, gilt es, „unser christliches Leben mit allem in Einklang zu bringen, was heutzutage beschleunigt, momenthaft, unmittelbar ist" (OC VIII 100). Nur in dieser Beweglichkeit ist es möglich, den Menschen der heutigen Zeit wirklich nahe zu sein und „auf ihr Hoffen zu lauschen"; nur im immer neuen gemeinsamen „Hören auf das, was sein soll", lässt sich die Glut des Glaubens weitergeben. Wenn Traditionen hingegen der lebendigen Tradition im Wege stehen, „müssen sie aufgegeben werden – selbst wenn sie liebgewonnen und vertraut sind. Das gehört zur immer wieder nötigen Entweltlichung, die Papst Benedikt XVI. angemahnt hat".[126]

Denn, so Madeleine, „gegenüber dem Ruf Jesu gibt es nicht ‚*die* Antwort', die typische Antwort. Für jeden Menschen gibt es alle Tage eine Antwort, die richtig ist. Daraus folgt notwendigerweise die Vielfalt und Beweglichkeit all dessen, was ein und dieselbe Treue zum Evangelium von uns verlangt" (JC 179). Und dann ist es auch nicht schlimm, „wenn wir zahlenmäßig nur wenige sind: Schlimm ist es, wenn wir unbeweglich sind oder uns wie Greise fortbewegen" (IA 47; LU 41).

> „Wir sind so weit wie möglich von Gepäck befreit, ebenso von Zukunftsplänen. Sobald die Zeit uns das Zeichen zu neuen Einsätzen gibt, zu neuen Formen der Evangelisierung, können wir sofort aufbrechen, falls wir dazu taugen und die Kirche es wünscht.
> Nichts kettet uns an eine zeitliche Vergangenheit, nicht einmal die Treue zu einer Gründergestalt. Wir sind zu jedem Aufbruch bereit, weil unsere Zeit uns so geformt hat und weil Christus im heutigen Tempo mitgehen muss, um mitten unter den Menschen zu bleiben" (OC XVII 106; FG 71).

126 Martin Werlen, a. a. O., 466.

*„Für uns spielt das Abenteuer deiner Gnade*
*in einer Zeit, die fast aus der Bahn gerät*
*in ihrem Drang nach Freiheit.*
*Uns willst du keine Landkarte geben.*
*Unser Weg führt durch die Nacht.*
*Wohin wir zu gehen haben,*
*erhellt sich Stück für Stück*
*wie durch die Lampe eines Signals.*
*Oft ist das Einzige, was sich sicher einstellt,*
*eine regelmäßige Müdigkeit aufgrund*
*derselben Arbeit, die jeden Tag zu tun ist,*
*desselben Haushalts, der wieder zu bewältigen ist,*
*derselben Fehler, die wir bekämpfen,*
*derselben Dummheiten, die wir unterlassen wollen.*
*Aber außerhalb dieser Gewissheit*
*ist alles Übrige deiner Fantasie überlassen, o Gott,*
*die es sich bei uns gemütlich macht.“*

OC III 68ff.; vgl. den gesamten Text im Anhang S. 236f.

# Anhang
# Ausgewählte Texte

## DER BALL DES GEHORSAMS

Heute ist der vierzehnte Juli.
Alle gehen zum Tanz.
Überall, seit Monaten, Jahren, tanzt die Welt.
Je mehr man in ihr stirbt, desto mehr tanzt man.
Wogen des Krieges, wogender Ballsaal.

Das Ganze macht wirklich viel Lärm.
Die ernsthaften Leute sind schlafen gegangen.
Die Mönche beten die Matutin vom heiligen König Heinrich.
Ich aber denke
an den anderen König,
an König David, der vor der Bundeslade tanzte.

Denn wenn es auch viele heiligmäßige Leute gibt,
die nicht gern getanzt haben,
so gibt es doch auch Heilige,
denen der Tanz ein Bedürfnis war,
so glücklich waren sie zu leben:
die heilige Teresa mit ihren Kastagnetten,
Johannes vom Kreuz mit dem Jesuskind auf dem Arm,
und Franziskus vor dem Papst.
Wenn wir wirklich Freude an dir hätten, o Herr,
könnten wir dem Bedürfnis zu tanzen nicht widerstehen,
das sich über die Welt hin ausbreitet,
und wir könnten sogar erraten,
welchen Tanz du getanzt haben willst,

indem wir uns den Schritten deiner Vorsehung überließen.
Denn ich glaube, du hast von den Leuten genug,
die ständig davon reden, dir zu dienen – mit der Miene von Feldwebeln,
dich zu kennen – mit dem Gehabe von Professoren,
zu dir zu gelangen nach den Regeln des Sports,
und dich zu lieben, wie man sich in einem alten Haushalt liebt.

Eines Tages, als du ein wenig Lust auf etwas anderes hattest,
hast du den heiligen Franz erfunden
und aus ihm deinen Gaukler gemacht.
An uns ist es, uns von dir erfinden zu lassen,
um fröhliche Leute zu sein, die ihr Leben mit dir tanzen.

Um gut tanzen zu können – mit dir oder auch sonst,
braucht man nicht zu wissen, wohin der Tanz führt.
Man muss ihm nur folgen,
darauf gestimmt sein,
schwerelos sein,
und vor allem: Man darf sich nicht versteifen.
Man soll dir keine Erklärungen abverlangen,
über die Schritte, die du zu tun beliebst,
sondern ganz mit dir eins sein – und lebendig pulsierend
einschwingen in den Takt des Orchesters, den du auf uns überträgst.
Man darf nicht um jeden Preis vorwärtskommen wollen.
Manchmal muss man sich drehen oder seitwärts gehen.
Und man muss auch innehalten können
oder gleiten, anstatt zu marschieren.
Und das alles wären ganz sinnlose Schritte,
wenn die Musik nicht eine Harmonie daraus machte.

Wir aber, wir vergessen so oft die Musik deines Geistes.
Wir haben aus unserem Leben eine Turnübung gemacht.
Wir vergessen, dass es in deinen Armen getanzt sein will,
dass dein heiliger Wille von unerschöpflicher Fantasie ist.

und dass es monoton und langweilig
nur für grämliche Seelen zugeht,
die als Mauerblümchen sitzen am Rand
des fröhlichen Balls deiner Liebe.

Herr, komm und lade uns ein.
Wir sind bereit, dir diese Besorgung vorzutanzen,
Dieses Haushaltungsbuch, dieses Essen, das bereitet werden muss,
diese Nachtwache,
bei der wir schläfrig sein werden.
Wir sind bereit, dir diesen Tanz der Arbeit zu tanzen,
den der Hitze und dann wieder den der Kälte.
Wenn gewisse Melodien in Moll stehen, werden wir nicht behaupten,
sie seien traurig;
wenn andere uns etwas außer Atem bringen, sagen wir nicht,
sie stießen uns die Lunge aus dem Leib.
Und wenn uns jemand anrempelt, nehmen wir es lachend hin,
weil wir wissen, dass so was beim Tanz immer vorkommt.

Herr, lehre uns den Platz,
den in dem endlosen Roman,
der zwischen dir und uns begonnen hat,
der Tanz einnimmt, dieser seltsame Tanz unsres Gehorsams.

Offenbare uns das große Orchester deiner Heilspläne,
worin das, was du zulässt,
einfach befremdliche Töne von sich gibt
inmitten der Heiterkeit dessen, was dein Wille ist.
Lehre uns, jeden Tag die Umstände unseres Menschseins anzuziehen
wie ein Ballkleid, das uns alles an ihm lieben lässt
um deinetwillen, wie unentbehrlichen Schmuck.

Gib, dass wir unser Dasein leben
nicht wie ein Schachspiel, bei dem alles berechnet ist,
nicht wie einen Wettkampf, bei dem alles schwierig ist,

nicht wie einen Lehrsatz, bei dem wir uns den Kopf zerbrechen,
sondern wie ein Fest ohne Ende, bei dem man dir immer wieder begegnet,
wie einen Ball,
wie einen Tanz,
in den Armen deiner Gnade,
zu der Musik allumfassender Liebe.
Herr, komm und lade uns ein.

(OC III 28–32; NK 67–69)

## ÜBERALL, WO WIR SIND

Die Einsamkeit, o Gott,
besteht nicht darin, dass wir allein sind,
sondern darin, dass du da bist,
denn vor dir versinkt alles im Tod
oder alles wird du.

Was nützte es uns, ans Ende der Welt zu gehen,
um eine Wüste zu finden?
Wozu hinter Mauern gehen,
die uns trennten von der Welt?
Denn du wirst dort nicht gegenwärtiger sein
als im Lärm der Maschinen,
als in der hundertgesichtigen Menge.

Sind wir so kindlich zu meinen, all diese Menschen seien
groß genug,
wichtig genug,
lebendig genug,
um uns die Sicht zu versperren, wenn wir Ausschau halten nach dir?

Allein sein
heißt nicht, die Menschen hinter sich gelassen oder sie verlassen zu haben;

allein sein heißt wissen, dass du groß bist, o Gott,
dass du allein groß bist,
und dass kein nennenswerter Unterschied besteht
   zwischen der Unendlichkeit der Sandkörner
und der unendlichen Zahl menschlichen Lebens ...

Wissen, einmal im Leben nur, dass einzig du bist!
Einmal nur begegnet sein
– und dies vielleicht in einer wirklichen Wüste –
dem Dornbusch, der brannte und doch nicht verbrannte;
dem Dornbusch dessen, der in uns und für immer begründet hat
die Einsamkeit.

Mose, der einmal begegnete dem unaussprechlichen Dornbusch,
konnte zurück zu den Menschen,
denn er trug in sich eine unzerstörbare Wüste.
So auch wir:
Werfen wir der Welt nicht vor
und auch nicht dem Leben,
dass sie uns das Antlitz Gottes verhüllen.
Finden wir es, dies Antlitz, so wird es selbst
alles einhüllen, alles aufnehmen in sich.

Lassen wir unsere Kindereien.

Das Holz, das im Feuer brennt, kümmert sich nicht um die Landschaft.
Wir leben in einer verschwenderisch heißen Glut.
Sengt sie uns nicht, dann, weil unsere Füße daneben sind,
denn an Holz fehlt es nicht.

Was macht es aus, welchen Ort wir in der Welt haben,
ob er voller Menschen ist oder öde;
wo immer wir sind, sind wir „Gott mit uns",
wo immer wir sind, sind wir „Emmanuel".

(OC III 71–73; GwL 115–117)

## DIE LIEBE

Wir andern, wir Leute von der Straße, sind ganz sicher, dass wir Gott so sehr lieben können, wie er Lust hat, von uns geliebt zu werden.
Wir glauben, dass die Liebe keine glanzvolle, dafür aber eine aufzehrende Angelegenheit ist; wir denken, dass, wenn wir für Gott ganz kleine Dinge tun, wir ihn ebenso lieben können wie mit großen Aktionen. Im Übrigen halten wir uns für schlecht informiert, was das Format unserer Taten angeht. Wir wissen bloß zweierlei: zum einen, dass alles, was wir tun, nur klein sein kann; zum anderen, dass alles, was Gott tut, groß ist. Das beruhigt uns angesichts dessen, was zu tun ist …

Weil wir die Liebe für eine hinreichende Beschäftigung halten, haben wir uns nicht die Mühe gemacht, das, was wir tun, nach Beten und Handeln auseinanderzusortieren.
Wir finden, dass Gebet eine Aktion ist und die Aktion ein Gebet; es scheint uns auch, dass ein wahrhaft liebendes Tun ganz von Licht erfüllt ist.
Es scheint uns, dass, bevor es zur Tat kommt, die Seele wie eine Nacht ist, die ganz auf das Licht hin ausgespannt ist, das kommen wird. Und wenn das Licht dann da ist, wenn der Wille Gottes klar verstanden ist, dann lebt sie ihn ganz sanft und schaut gemächlich zu, wie ihr Gott sich in ihr regt und zu wirken beginnt. Uns scheint, dass auch das Handeln ein Bittgebet ist. Wir haben nicht das Gefühl, dass es uns auf unser Feld der Arbeit, des Apostolats, des Alltags festnagelt …

Darum wird auch durch unsere kleinen Taten, in denen wir nicht zwischen Gebet und Aktion unterscheiden, die Liebe zu Gott und die Liebe zu unseren Brüdern und Schwestern vollkommen eins …

Jede fügsame Tat lässt uns Gott in Fülle empfangen und in Fülle weitergeben, in einer großen Freiheit des Geistes. Dann wird das Leben ein Fest.

Jede kleine Unternehmung ist ein gewaltiges Ereignis, in dem uns das Paradies geschenkt wird oder in dem wir selbst das Paradies verschenken können.
Was auch immer wir zu tun haben: einen Besen oder einen Stift halten; reden oder schweigen; etwas flicken oder einen Vortrag halten; einen Kranken pflegen oder auf einer Schreibmaschine schreiben – all das ist nur die Rinde einer herrlichen Wirklichkeit, die Begegnung der Seele mit Gott, die sich in jeder Minute erneuert, die an Gnade zunimmt, die immer schöner wird für ihren Gott.

(OC VII 28f.; NK 52f.)

## DER NEUE TAG

Wieder beginnt ein Tag.
Jesus Christus will ihn in mir leben. Er hat sich nicht eingeschlossen. Er ist unter den Menschen gewandelt. Er ist mit mir unter den Menschen von heute gegenwärtig.

Begegnen wird er
allen, die ins Haus kommen,
allen, die ich auf der Straße treffe,
anderen Reichen als damals, anderen Armen,
anderen Gebildeten und Ungebildeten,
anderen Jungen und Alten,
anderen Gesunden und Kranken.
Ihnen allen zu begegnen, ist er gekommen.
Alle will er zum Heil führen.

Denen, die mit mir sprechen, hat er etwas zu sagen.
Denen, die etwas brauchen, hat er etwas zu geben.

Im Lärm gibt er Stille,
in der Aufregung Frieden.

Jesus hat nicht aufgehört, der Sohn Gottes zu sein.
In mir will er mit dem Vater verbunden bleiben.
Ganz sanft verbunden, in jedem Augenblick,
gegenüber allem, was der Wille seines Vaters ist.

Alles ist dann erlaubt an diesem Tag,
und alles verlangt meine Zustimmung.
Der Platz in der Welt, an den Gott mich stellt,
kann mich nicht hindern,
mit ihm verbunden zu sein.
Auch ein Kind auf dem Arm seiner Mutter
ist nicht weniger bei ihr,
weil sie durch die Menge geht.

Jesus, der in uns ist, ist unaufhörlich zu allen gesandt,
am heutigen Tag, der gerade beginnt,
zu allen Menschen, in unserer Zeit, zu allen Zeiten,
in meiner Stadt und auf der ganzen Welt.
Gepriesen sei der neue Tag!
Er ist wie Christi Geburt für die Erde.
Denn Jesus in mir wird diesen Tag mit mir leben.

(OC III 59ff.; KM 87ff.)

## LITURGIE DER AUSSENSEITER

Du hast uns heute Nacht
in dieses Café *„Le Clair de Lune“* geführt.
Du wolltest dort du selbst sein,
für ein paar Stunden der Nacht.

Durch unsere armselige Erscheinung,
durch unsere kurzsichtigen Augen,
durch unsere liebeleeren Herzen
wolltest du all diesen Leuten begegnen,
die gekommen sind, die Zeit totzuschlagen.
Und weil deine Augen in den unsren erwachen,
weil dein Herz sich öffnet in unserm Herzen,
fühlen wir,
wie unsere schwächliche Liebe aufblüht,
sich weitet wie eine Rose,
zärtlich und ohne Grenzen
für all diese Menschen, die hier um uns sind.
Das Café ist nun kein profaner Ort mehr,
dieses Stückchen Erde,
das dir den Rücken zu kehren schien.
Wir wissen, dass wir durch dich
ein Scharnier aus Fleisch geworden sind,
ein Scharnier der Gnade,
die diesen Fleck Erde dazu bringt,
sich mitten in der Nacht,
fast wider Willen,
dem Vater allen Lebens
zuzuwenden.

In uns vollzieht sich das Sakrament deiner Liebe.
Wir binden uns an dich,

wir binden uns an sie
mit der Kraft eines Herzens,
das für dich schlägt.
Wir binden uns an dich,
wir binden uns an sie,
damit ein Einziges mit uns allen geschehe.

Durch uns zieh alles zu dir …
Zieh ihn zu dir, den alten Pianisten,
der vergisst, wo er ist,
und der nur spielt aus Freude am guten Spiel,
die Geigerin, die uns verachtet
und jeden Strich um Geld verkauft,
den Gitarristen und den Akkordeonspieler,
die Musik machen für Leute,
die ihnen gleichgültig sind.
Zieh ihn zu dir, jenen traurigen Mann, der uns
seine sogenannten fröhlichen Geschichten erzählt,
ebenso jenen Trinker,
der gerade die Treppe hinuntertaumelt,
auch jene müde dasitzenden Leute
zieh zu dir hin,
die verlassen hinter ihrem Tisch kauern
und nur hier sind, um nicht anderswo zu sein.
Durch uns zieh sie zu dir hin,
damit sie dir in uns begegnen,
denn du allein hast das Recht, dich ihrer zu erbarmen.
Weite unser Herz, damit es alle zu fassen vermag;
präge sie ein,
damit sie für immer in unser Herz geschrieben seien.

Du wirst uns nachher zum Jahrmarkt führen,
zu einem Platz voller Baracken.

Es wird Mitternacht oder später sein.
Nur jene werden auf dem Pflaster bleiben,
deren Heim und Werkstatt die Straße ist.
Möge der Schlag deines Herzens sich in die unseren graben,
tiefer als die Pflastersteine in den Boden,
damit ihre traurigen Schritte
auf unserer Liebe dahinschreiten
und diese sie daran hindere,
noch tiefer im Morast des Bösen zu versinken.

Wir werden auf dem Platz auch Händler treffen,
die Illusionen verkaufen:
unechte Angst, scheinbaren Sport,
trügerische Kunstwerke, gefälschte Ungeheuer.
Sie vertreiben ihre falsche Ware,
damit man damit die echte Langeweile
totschlage,
die alle trübseligen Gesichter
einander so ähnlich macht.
Lass uns Freude finden an deiner Wahrheit,
damit wir uns ihnen zuwenden mit dem wahren
Lächeln der Liebe.

Danach werden wir die letzte U-Bahn nehmen.
Wir werden Leute finden, die dort schlafen.
Leid und Sünde sind unentwirrbar
in ihr Gesicht geprägt.
Auf den fast leeren Bänken der Stationen
sitzen ältere Arbeiter, schwach und erschöpft;
sie warten, bis die letzten Züge vorbei sind,
um dann mit der Ausbesserung der unterirdischen Schächte
zu beginnen.

Und unser Herz wird immer weiter
und immer schwerer
von der Last vielfacher Begegnung,
immer schwerer von der Last deiner Liebe,
unser Herz,
gebildet von dir,
bevölkert von unseren Schwestern und Brüdern,
den Menschen.
Denn die Welt ist kein Hindernis,
um für sie zu beten.
Wenn einige die Welt verlassen müssen,
um sie zu finden,
so müssen andere in die Welt hineintauchen,
um sich emporzuschwingen
mit ihr
zum gleichen Himmel.

Im Abgrund der Sünden der Welt
hast du sie zum Stelldichein gerufen;
gekettet an die Sünde
leben sie mit dir einen Himmel,
der sie emporzieht und in Stücke reißt.
Während du fortfährst,
in ihnen die düstere Erde zu besuchen,
erklimmen sie mit dir den Himmel;
zu einer schwerfälligen Himmelfahrt sind sie bereit:
festgehalten im Schmutz,
verzehrt durch deinen Geist,
verbunden mit allen,
gebunden an dich,
beauftragt, im Ewigen zu atmen
wie Bäume für ihre Wurzeln im Boden.

(OC III 64–68; KM 83–87).

## BRIEF AN PFARRER WIDEMANN

Cerisiers, den 19.02.1949

Sehr geehrter Herr Pfarrer,

ich musste von Ivry wegfahren, ohne mit Ihnen noch einmal gesprochen zu haben.

Mein letztes Gespräch mit Ihnen und das, das Sie mit Raymonde Kanel geführt haben, hinterlässt bei mir den Eindruck, dass Sie einige Vorbehalte gegenüber den Begegnungen haben, zu denen es in der Rue Raspail kommt und die auch für die Rue Blanqui vorgesehen sind.

Diese Vorbehalte zeigen, dass wir uns entweder nicht richtig verständlich machen konnten oder dass Sie ein solches Experiment nicht wünschen.

Da es sich streng genommen um eine pfarreiliche Angelegenheit handelt, durch ihr Ziel und durch die Leute, die damit zu tun haben; und da wir die Initiative dieses Experimentes ergriffen hatten, halte ich es für meine Pflicht, Sie nach dem tieferen Grund Ihres Einwands zu fragen und zugleich von meiner Seite her das Ganze noch einmal genauer darzustellen.

Denn es wäre nicht normal, wenn wir einfach weitermachen würden ohne Ihre volle Zustimmung.

Wie wir Ihnen vor drei Monaten gesagt hatten, ist uns ... bewusst geworden, dass unser zutiefst mit den Ungläubigen verwobenes Leben dazu geführt hat, dass wir zu wenig Liebe für unsere christlichen Brüder und Schwestern haben.

Wir dachten, dass wir nicht weit genug damit gehen, mit denen, die wir kennen, das Evangelium Jesu Christi zu teilen. Es schien uns, dass wir mit diesen Christen, den Mitgliedern unserer Pfarrei, versuchen könnten, gemeinsam zu einer tieferen Liebe gegenüber denen zu finden, die nicht an Gott glauben und die um uns herum leben.

Es schien uns, dass das die beste Weise sei, Gott zu dienen, und dass das auch dem Wohl der Pfarrei dienen würde; und wenn diese Offenheit anderen gegenüber nicht da ist, so schien uns das aus Unkenntnis oder aus Gleichgültigkeit oder oft auch aus Feindseligkeit gegenüber den Ungläubigen zu geschehen, die die Pfarrei von allen Seiten umgeben. Deshalb haben wir Ihnen unseren Versuch vorgeschlagen. Wir haben Sie gefragt, ob Sie – Ihr Einverständnis vorausgesetzt – unser Priester sein oder einen Ihrer Vikare dafür bestimmen möchten. Sie haben darüber nachgedacht und zugestimmt, sodass wir uns auf den Weg gemacht haben.

Nun finde ich es nützlich, mit Ihnen die Richtung genauer zu beschreiben, auf der wir unterwegs sind, und genauer zu sagen, was uns dazu gebracht hat, diesen Weg zu wählen.

1. Ich lebe nun seit 16 Jahren in Ivry. Bis 1939 habe ich hauptsächlich unter Christen gelebt. Während des Krieges dann unter Christen und Nichtchristen. Seit vier Jahren lebe ich fast ausschließlich unter Nichtchristen. Ich sage bewusst „ich“, denn diese Etappen gelten nicht in der Weise für alle meine Gefährtinnen.

Dennoch haben wir alle gemerkt, dass die Pfarrei Ivry-Centre als Gemeinschaft fast völlig von jedem nichtgläubigen Milieu abgeschnitten ist.

Was noch schwerer wiegt, ist, dass die meisten Christen, die zu dieser Gemeinde gehören, innerlich vom Milieu der Nichtchristen getrennt sind, obwohl sie doch im selben Viertel wohnen oder miteinander arbeiten.

Und noch schlimmer ist es, dass sich viele von ihnen den Nichtchristen gegenüber oft gleichgültig oder feindselig verhalten. Viele Christen, die nur unter sich leben, haben keine Ahnung, wie das Christentum auf Menschen wirkt, die nicht glauben; das lässt sie einander fremd werden.

2. Die verschiedenen religiösen Bewegungen, die ich in der Pfarrei Ivry-Centre beobachten konnte, sind immer wie Skizzen des eigentlichen Zieles der Katholischen Aktion geblieben. Das kommt wahrscheinlich daher, dass sie von dieser Pfarrei-Mentalität ausgehen, in der es keine Liebe gegenüber denen gibt, die nicht zu ihr gehören.

3. Einige Leute, die von den ungläubigen Massen bis ins Herz getroffen worden sind, mussten erleben, dass sie früher oder später von der Pfarrei abgewiesen wurden, in der sie einen „Fremdkörper" bildeten. Ihr Rückzug hat die Pfarrei um ihre wertvolle Präsenz gebracht, und sie selbst sind dadurch auch ärmer geworden.

4. Diejenigen Mitglieder der Pfarrei, die ihren Glauben verloren hatten, haben dadurch zugleich jede Verbindung mit den Christen verloren. Freundschaften sind hier nicht mitgegangen.

5. Die Konvertiten hingegen haben in der Pfarrei nicht immer eine Gemeinschaft gefunden, die voll und ganz auf ihre persönlichen Bedürfnisse und auf die Bedürfnisse ihrer nichtchristlichen Umgebung, in der sie ja durch ihre Familie und ihre Arbeit weiterhin blieben, eingegangen wäre.

6. Und wenn es Suchende gab, die gerne mit Christen „gesprochen" hätten, so konnten sie in der Pfarrei nicht immer Menschen finden, die „ihre Sprache" gesprochen hätten, und so sind sie leeren Herzens wieder gegangen.

Solche Vorkommnisse, die überall schon schwer wiegen, werden in einer Bevölkerung, in der es nur eine verschwindende Minderheit von Christen gibt, besonders dramatisch.

In einem Gebiet, das dichter ist und geografisch weniger homogen, könnten missionarische Gemeinschaften einen Ausgleich schaffen. In Ivry-Centre ist das nicht der Fall. Die Pfarrei ist rein äußerlich gesehen zu präsent und zu sichtbar, als dass man den Ungläubigen gegenüber so tun könnte, als sei sie nicht da. Missionarische Bewegungen müssen mit ihr verknüpft sein.

Die Milieus der Ungläubigen in Ivry-Centre sind ihrerseits jeder Person gegenüber misstrauisch, die entweder offiziell mit dem Klerus verbunden ist, die einer Bewegung angehört, die im Gegensatz zu ihnen steht (eine politische Partei etc.) oder die mit einem Engagement zu tun hat, das in ihren Augen Propaganda ist (freie Schulen, Ferienlager, soziale Dienste).

Das heißt nicht, dass ein traditionelles Pfarreileben, religiöse Bewegungen, Gewerkschaften, politisches Engagement und Jugendarbeit oder soziale Dienste schädlich oder überflüssig wären.

Aber es heißt, dass sie nur dann zum Wachstum der Kirche beitragen können, wenn sie vom Boden einer geschwisterlichen, übernatürlichen, selbstlosen und umfassenden Liebe ausgehen, mit anderen Worten: wenn diese Liebe denen gegenüber, „die verloren sind", in der Pfarrei gleichzeitig mit der Liebe zu Gott gestärkt und entwickelt wurde.

Es scheint deshalb vor allem notwendig zu sein, die Christen – oder zumindest einen Teil von ihnen – dahin zu bringen, dass sie geschwisterlich mit den Nichtchristen leben. Deshalb hielten wir es auch für nützlich, dass neben all den großen Möglichkeiten der Verkündigung kleine Zellen entstehen, die von einfacher, mitreißender und geschwisterlicher Liebe geprägt sind.

*Einfach:*
Wir wollen uns dem Wort Gottes immer mehr angleichen und lernen von ihm, wie wir die Menschen lieben können, indem wir ihn, unseren Gott, lieben.

Wir nehmen die Weisungen Christi und die des heiligen Paulus wörtlich und folgen ihnen ganz einfach, wie Kinder, die gehorchen. Wir entnehmen dem Evangelium das Wesentliche, das so einfach ist, und leben es; wir entzünden es mitten unter den Ungläubigen und bringen diese göttliche Gabe mit allen in Kontakt, die uns begegnen – egal, aus welchem Milieu sie kommen, wo sie wohnen oder was sie arbeiten.

*Mitreißend:*
Wir leben dies in unmittelbarer Nähe zu unseren christlichen Brüdern und Schwestern, damit sie davon wissen, damit sie Sehnsucht danach bekommen und selbst damit beginnen, „diejenigen, die verloren sind", leidenschaftlich zu lieben.

*Geschwisterlich:*
Wir leben untereinander geschwisterlich und verlangen uns dafür auch einiges ab. Wir teilen miteinander unsere Begegnungen und unsere Schwierigkeiten.

Wir versuchen, miteinander diejenigen zu verstehen, die das Licht des Glaubens nicht haben. Wir versuchen zu verstehen, warum sie uns nicht verstehen. Wir helfen uns gegenseitig dabei, ihnen zu helfen, sie aufzunehmen, ihnen das zu geben, was Gott ihnen durch uns geben will. Wir versuchen, die Gaben der Christen besser zu verstehen, denen wir begegnen, um mit ihnen in einer lebendigen Einheit zu leben.

Es geht uns eher darum, diese kleinen Zellen zu vermehren als sie zu vergrößern, damit sie echte, warmherzige Familien ohne Formalismus bleiben.

Es geht also nicht darum, einen Staat im Staat zu schaffen oder eine Pfarrei in der Pfarrei ..., sondern eine Art Strom von Liebe in der Pfarrei fließen zu lassen, der letztlich ihren eigenen Früchten zugute kommt.
Eine immer echtere Liturgie, religiöse Bewegungen und Organisationen etc. können solche Früchte sein; doch dabei können meine Gefährtinnen und ich Ihnen kaum helfen: Das ist nicht unsere Arbeit. Aber für diese erste Etappe, von der ich gesprochen habe, bieten wir Ihnen an, was wir können. Wenn Sie den Eindruck haben, dass sich unsere Situation als „Freikorps“ für die Pfarrei zu negativ auswirkt, als dass sie der Ausgangspunkt für einen solchen Strom des Lebens sein könnte, dann verstehen wir das sehr gut.

*Wir wollen diese Initiative nicht ergreifen*, aber wir möchten so gerne, *dass sie ergriffen wird,* denn sie erscheint uns als notwendig. Es wäre für uns dagegen sehr schmerzlich, wenn Sie glauben, dass wir eine Art „Geheimbund“ sind. Unser Weg in Ivry hat uns zu denen geführt, die „ohne Gott“ sind, und sie sind zu einsam, als dass wir sie im Stich lassen könnten. Wir gehen in ihrem wie in unserem Namen zu unserer Pfarrei, die auch die ihre sein müsste.

Aber ihre Einsamkeit ist so groß, dass wir uns aus ganzem Herzen danach sehnen, dass auch andere Christen nicht mehr nur unter sich leben, so als ob sie nicht existierten – oder dass sie nicht mehr unter ihnen leben, ohne ihnen ihr Herz und ihre Liebe zu schenken.

Das ist es, Herr Pfarrer, was ich Ihnen sagen wollte.

Ich würde mich freuen, wenn Sie auf diesen Brief, den ich klar und offen schreiben wollte, in aller Einfachheit und Offenheit antworten.

Was auch immer Sie entscheiden: es ist in Ordnung, denn Sie sind unser Pfarrer – aber Sie sind auch der Pfarrer „all der anderen", und Sie haben die Gnade für sie wie für uns empfangen.

(OC II 173–180)

## FREUDEN VOM BERG HERAB

Weil deine Worte, o Gott, nicht dazu da sind,
um tatenlos in unseren Büchern zu bleiben,
sondern um uns zu beherrschen und in uns
die Welt zu durcheilen,
so gib, dass von diesem Feuer der Freude, das du einst
auf einem Berg entzündet hast,
von dieser Belehrung, glücklich zu sein,
Funken uns erreichen und in Brand setzen,
uns ermächtigen und überwältigen,
damit wir, von ihnen angesteckt wie Zunder im Stoppelfeld,
die Straßen der Stadt durchlaufen,
den Wogen der Menge entlang,
sie anstecken mit Seligkeit,
sie anstecken mit Freude.

Denn wir haben wirklich genug
von all den Ausrufern schlimmer Neuigkeiten,
trauriger Nachrichten.
Sie machen so viel Lärm,

dass sogar dein Wort übertönt wird.
Lass in ihrem Gedröhn
unser Schweigen erklingen,
bebend von deiner Botschaft.

Im antlitzlosen Gedränge lass unsere Freude
aufleuchten, die lauter tönt als das Schreien
der Zeitungsverkäufer,
überwältigender ist
als die reglose Trauer der Masse.

(OC III 79f.; GwL 30).

## EINSAMKEIT

Uns Leuten von der Straße scheint die Einsamkeit nicht die Abwesenheit der Welt zu sein, sondern die Anwesenheit Gottes.
Dass wir ihm überall begegnen, macht unsere Einsamkeit aus.
Wahrhaft einsam zu sein, heißt für uns, an Gottes Einsamkeit teilzuhaben.
Er ist so groß, dass er nichts und niemandem sonst Raum lässt, es sei denn in ihm. Die ganze Welt erscheint uns wie ein Aug-in-Auge mit ihm, dem wir uns nicht entziehen können.
Begegnung mit seiner lebendigen Kausalität im Gedröhn der Straßenkreuzungen.
Begegnung mit seinen Fußspuren auf unserer Erde.
Begegnung mit seiner Vorsehung in den Naturgesetzen.
Begegnung mit Jesus Christus in all den „Kleinen, die ihm gehören": denen, die physisch leiden, die sich langweilen, die sich ängstigen, denen etwas fehlt.
Begegnung mit Christus, der abgewiesen wird durch die Sünde mit ihren tausend Gesichtern.

Woher nähmen wir den Mut, sie zu verlachen oder zu hassen – diese vielfachen Sünder, mit denen wir täglich umgehen?
Einsamkeit Gottes in der Liebe zu den Brüdern und Schwestern: Christus, der Christus bedient; Christus im Dienenden und Christus in dem, der bedient wird.
Wie sollte Apostolat für uns Zerstreuung oder Lärm sein?

(OC VII 25f.; NK 50)

## MISSIONARE AM ORT

Oben an der großen Treppe zur Metro schauen wir, wir Missionare im Kostüm oder im Regenmantel, von Schritt zu Schritt zur Stoßzeit über eine Fläche aus Menschenköpfen hin, ihre bebende Fläche, die auf die Öffnung des Tores wartet. Mützen, Hüte, Haare jeglicher Farbe. Hunderte von Köpfen. Hunderte von Seelen. Wir ganz oben.
Und weiter oben und überall: Gott.
Gott überall: aber wie viele wissen das? ...

Bald, nach der Ankunft, werden wir im Dunkeln in die freie Luft auftauchen und die Straße hinuntergehen, die uns nach Hause führt.
Im Nebel, im Regen oder im Mondschein werden wir den Weg anderer Menschen kreuzen; wir werden hören, wie sie von Paketen, von Schmalz, von Geld, von Beförderung, von Angst, von Streit reden: nie, fast nie von dem, was unsere Liebe ist.

Rechts und links ganz schwarze Häuser mit kleinen Lichtstreifen, die uns sagen, dass es in all dieser Finsternis lebendige Menschen gibt.
Was sie tun, wissen wir wohl: Sie bauen ihre zerbrechlichen Freuden; sie kauen an ihren langen Leiden, sie tun ein wenig Gutes und [begehen] eine Menge Sünden.
Wie wenig Licht gäbe es, wenn überall dort ein Lämpchen leuchten würde, wo jemand betet.
Ja, wir haben unsere Wüsten ..., und die Liebe führt uns hinein ...

Inmitten der Masse, Herz an Herz, zusammengedrängt zwischen so vielen Leibern, auf unserer Sitzbank, wo uns drei Unbekannte Gesellschaft leisten, in der schwarzen Straße pulsiert unser Herz, wie wenn sich eine Faust um einem Vogel schließt.

Der Heilige Geist, der ganze Heilige Geist in unserem armen Herzen, die Liebe, so groß wie Gott, die in unserem Herzen schlägt wie das Meer, das sich mit aller Kraft befreien will, sich ausdehnen will, einströmen will in all diese undurchdringlichen und ausweglosen Wesen hinein.

Alle Straßen können wir durchkämmen, in allen U-Bahnen sitzen, alle Treppen hochsteigen, den Herrn überallhin tragen: es wird doch irgendwo eine Seele geben, die ihre menschliche Zerbrechlichkeit angesichts der Gnade Gottes bewahrt hat, eine Seele, die vergessen hat, sich in Gold oder Zement zu panzern.

Und dann beten, beten, wie man inmitten der anderen Wüsten betet, beten für all diese Menschen, die uns, die Gott so nahe sind.

Wüste der Massen. In die Masse eintauchen wie in den weißen Sand.
Wüste der Massen, Wüste der Liebe ...

Wird sie, diese Liebe, die uns bewohnt, die in uns aufbricht, uns nicht umwandeln?

Herr, Herr, lass wenigstens diese Kruste, die mich bedeckt, kein Hindernis für dich sein. Geh durch.
Meine Augen, meine Hände, mein Mund sind dein.
Diese so traurige Frau mir gegenüber: hier ist mein Mund, damit du ihr zulächelst.
Dieses Kind, das vor lauter Bleichsein grau ist: hier meine Augen, damit du es anschaust.
Dieser so müde, so müde Mann: hier ist mein Leib, damit du ihm meinen Platz gibst und meine Stimme, um ihm leise zu sagen: „Setzen Sie sich."
Dieser so eingebildete, so dumme, so harte Bursche: hier ist mein Herz, damit du ihn liebst, stärker, als er je geliebt wurde.

Missionen in der Wüste, Missionen, die nicht fehlschlagen, Missionen, die gesichert sind, in denen man Gott mitten in der Welt aussät, in der Gewissheit, dass er irgendwo keimen wird.
Denn: „Wo keine Liebe ist, pflanzt Liebe, und ihr werdet Liebe ernten."

(OC VII 87-89; NK 54–56)

## EIN SCHREI STEIGT AUF

Ein Schrei steigt auf aus der Welt: ein neuer Schrei
unter den alten Schreien der Menschen.
Er weckt Ärgernis, Aufruhr, Mitleid.
Man deckt ihn mit Papierfetzen zu.
Man verstärkt ihn mit Lautsprechern.
Man sagt, er sei ein Tod oder eine Geburt.
Worte aller Sprachen übertragen ihn.
Leidenschaftliche Lieder hallen ihn fort.
Grobes Lachen begleitet ihn.
Sentimentale Romanzen mischen sich ein.
Innerhalb seiner gesellschaftlichen Grenzen, in seiner universalen Heimat
schreit das Arbeitervolk.
Man versteht den Schrei nicht, wenn man übersetzen will,
was darin unübersetzbar bleibt.
Man versteht ihn nicht, wenn man das nicht übersetzt,
was davon übersetzt werden kann.
Er steigt aus einem Grund von Finsternis auf, durchläuft die
Halbschatten, bricht in der Sonne aus.
Wer schreit?
Man antwortet uns: die „Arbeiterklasse", das „Proletariat", die „Masse".
Wir suchen den schreienden Menschen.
Man verweist uns auf eine allgemeine Idee.
Ideen schreien nicht.

Was wir hier sagen, ist auf der Suche nach diesem Menschen,
möchte die allgemeinen Ideen zum Platzen bringen und die Lungen
und Münder
wiederfinden, aus denen der Schrei bricht.
Aus dem Sichtbaren und Tastbaren möchte es vordringen zu dem,
was sich verstehen oder erspüren lässt.
Und möchte mit Demut haltmachen vor dem,
was unerkennbar bleibt.
Sein Zweck ist, eine Antwort auf diesen Schrei zu wecken,
die Antwort der aus ihrer ruhigen Gewohnheit aufgestörten Herzen.
Wir wissen wohl, die Menschheit wird nie leben, ohne zu schreien;
Schreie so uralt wie sie selbst begleiten das Immerwährende in ihr,
das in ihr Keimende, Sich-Entwickelnde, Schwindende.

Der Schrei des Todes und der Schrei der Liebe werden niemals verstummen. Wir wissen aber auch, dass es heilbare Schreie gibt, für die unser Tun und Unterlassen verantwortlich ist.

Gehört dieser neue Schrei zu denen, von denen man gesund wird?
Man schreit in der Nacht: Wie könnten wir schlafen?

(OC III 91ff.; NK 90f.)

## FAHRRADSPIRITUALITÄT

„Immer weiter!“, sagst du zu uns
in allen Kurven des Evangeliums.
Um die Richtung auf dich zu behalten,
müssen wir immer weitergehen,
selbst wenn unsere Trägheit verweilen möchte.

Du hast dir für uns
ein seltsames Gleichgewicht ausgedacht,
ein Gleichgewicht,
in das man nicht hineinkommt
und das man nicht halten kann,
es sei denn in der Bewegung,
im schwungvollen Voran.

Es ist wie mit einem Fahrrad,
das sich nur aufrecht hält, wenn es fährt;
ein Fahrrad, das schief an der Wand lehnt,
bis man sich darauf schwingt
und schnell auf der Straße davonbraust.

Die Zeit, in der wir leben,
ist gezeichnet von einem allgemeinen,
schwindelerregenden Ungleichgewicht.
Sobald wir uns hinsetzen, unser Leben zu betrachten,
kippt es und entgleitet es uns.

Wir können uns nur aufrecht halten,
wenn wir weitergehen,
wenn wir uns hineingeben
in den Schwung der Liebe.

Alle Heiligen, die uns als Vorbilder gegeben sind,
oder zumindest viele davon,

lebten nicht ohne „Versicherung",
einer Art „geistlicher Krankenkasse",
die sie schützte
gegen Gefahren und Krankheit,
und die sogar ihre geistlichen Kinder mit einbezog.

Sie hatten feste Gebetszeiten,
bestimmte Bußübungen,
eine ganze Sammlung von Ratschlägen und Verboten.

Aber für uns
spielt das Abenteuer deiner Gnade
in einer Zeit, die fast aus der Bahn gerät
in ihrem Drang nach Freiheit.
Uns willst du keine Landkarte geben.

Unser Weg führt durch die Nacht.
Wohin wir zu gehen haben,
erhellt sich Stück für Stück
wie durch die Lampe eines Signals.

Oft ist das Einzige, was sich sicher einstellt,
eine regelmäßige Müdigkeit aufgrund
derselben Arbeit, die jeden Tag zu tun ist,
desselben Haushalts, der wieder zu bewältigen ist,
derselben Fehler, die wir bekämpfen,
derselben Dummheiten, die wir unterlassen wollen.

Aber außerhalb dieser Gewissheit
ist alles Übrige deiner Fantasie überlassen,
o Gott,
die es sich bei uns gemütlich macht.

(OC III 69f.; KM 76f.)

## DAS GEHEIMNIS GOTTES

Je mehr unser Leben
„vergeblich“ sein wird

Je mehr wir uns
auf weglosen Wegen befinden

Je mehr die Worte
ihre Bedeutung verlieren

Je mehr uns alles
fade und schal schmeckt

Je mehr unser Leben
uns leblos erscheint

Je mehr wir allein sind
mit unserer Liebe

Je mehr wir zu Fremden werden
selbst unseren Nächsten

DESTO MEHR LEBEN WIR
DAS GEHEIMNIS GOTTES

20. August 1946 (OC III 218f.)

# Literaturverzeichnis

## Gesamtwerke Madeleine Delbrêls:


OC I *Éblouie par Dieu.* Correspondance volume 1, 1910–1941, Paris: Nouvelle Cité 2004 (= Œuvres complètes Tome I).

OC II *S'unir au Christ en plein monde.* Correspondance volume 2, 1942–1952, Paris: Nouvelle Cité 2004 (= Œuvres complètes Tome II).

OC III *Humour dans l'amour.* Méditations et fantasies, Paris: Nouvelle Cite 2005 (= Œuvres complètes Tome III).

OC IV *Le moine et le nagneau.* Alcide et ses métamorphoses, Paris : Nouvelle Cité 2006 (= Œuvres complètes Tome IV).

OC V *Profession assistante sociale.* Écrits professionnels, volume 1, Paris : Nouvelle Cité 2007 (= Œuvres complètes Tome V).

OC VI *Le service social entre personne et société.* Écrits professionnels, volume 2, Paris: Nouvelle Cité 2007 (= Œuvres complètes Tome VI).

OC VII *La sainteté des gens ordinaires.* Textes missionnaires, volume 1, Paris: Nouvelle Cité 2009 (= Œuvres complètes Tome VII).

OC VIII *Athéismes et évangélisation.* Textes missionnaires, volume 2, Paris: Nouvelle Cité 2010 (= Œuvres complètes Tome VIII).

OC IX *La femme, le prêtre et Dieu.* Au cœur du mystère intime de l'Église. Textes missionnaires volume 3, Paris: Nouvelle Cité 2011 (= Œuvres complètes Tome IX).

OC X *La question des prêtres-ouvriers.* La leçon d'Ivry. Textes missionnaires volume 4, Paris: Nouvelle Cité 2012 (= Œuvres complètes Tome X).

OC XI *Ville marxiste terre de mission.* Textes missionnaires, volume 5, Paris : Nouvelle Cité 2014 (= Œuvres complètes Tome XI).

OC XII *En dialogue avec les communistes.* Textes missionnaires, volume 6, Paris : Nouvelle Cité 2014 (= Œuvres complètes Tome XII).

OC XIII *La vocation de la Charité.* Textes à ses équipières, volume 1, Paris : Nouvelle Cité 2015 (= Œuvres complètes Tome XIII).

OC XIV *J'aurais voulu …* Textes à ses équipières, volume 2, Paris : Nouvelle Cité 2016 (= Œuvres complètes Tome XIV).

OC XV *Notre vie.* Textes à ses équipières, volume 3, Paris : Nouvelle Cité 2017 (= Œuvres complètes Tome XV).

OC XVI *Si la charité existe …* Textes à ses équipières 1958–1962, volume 4, Paris : Nouvelle Cité 2018 (= Œuvres complètes Tome XVI).

OC XVII *La conversion du cœur.* Textes à ses équipières 1961–1964, volume 5, Paris : Nouvelle Cité 2018 (= Œuvres complètes Tome XVII).

## Auf Französisch erschienene Bände (Auszüge aus dem Gesamtwerk):

*Ville marxiste, terre de mission*, Paris: Edition du Cerf 1957; Paris: Desclée de Brouwer, ²1970; ³1995.

*Nous autres, gens des rues*. Textes missionnaires. Introduction de Jacques Loew, Postface de Louis Augros, Paris: Editions du Seuil 1966, ²1971.

*La joie de croire*. Préface de Jean Guéguen. Avant-Propos de Guy Lafon, Paris: Editions du Seuil 1968 (= JC).

*Communautés selon l'Evangile*. Avant-Propos de Guy Lafon, Paris: Editions du Seuil 1973 (= CE).

*Indivisible amour*. Pensées détachées inédites. Préface de Jacques Sommet, Introduction de Christine de Boismarmin, Paris: Le Centurion 1991 (= IA).

## Bisher auf Deutsch erschienene Schriften:

*Auftrag des Christen in einer Welt ohne Gott*. Vollständige und überarbeitete Neuausgabe, Einsiedeln: Johannes Verlag 2000 (= AdC).

*Wir Nachbarn der Kommunisten. Diagnosen*. Übersetzung und Vorwort von Hans Urs von Balthasar, Einsiedeln: Johannes Verlag 1975 (= NK).

*Gebet in einem weltlichen Leben*. Ausgewählt, übersetzt und eingeleitet von Hans Urs von Balthasar, Einsiedeln: Johannes Verlag 1974, ⁵1993 (= GwL).

*Frei für Gott. Über Laien-Gemeinschaften in der Welt*. Übersetzung und Vorwort von Hans Urs von Balthasar, Einsiedeln: Johannes Verlag, 1976, Freiburg ²1991 (= FG).

*Der kleine Mönch. Ein geistliches Notizbüchlein*. Übersetzung, Vorwort und Zeichnungen von Bernhard Matheis, Freiburg: Verlag Herder [9]1991; Neuauflage 2005 (= KM).

*Die Liebe ist unteilbar*. Neuausgabe. Übersetzung von Martha Gisi, Freiburg: Johannes Verlag 2000 (= LU).

## Textsammlungen auf Deutsch

Schleinzer, Annette (Hg.), Madeleine Delbrêl, Gott einen Ort sichern. Texte, Gedichte, Gebete, Ostfildern: Schwabenverlag [2]2003; Neuauflage: Kevelaer, Topos-Taschenbuch [2]2010.

Dies. (Hg.), Madeleine Delbrêl, Deine Augen in unseren Augen. Ein Lesebuch, München: Verlag Neue Stadt [3]2022.

Dies. (Hg.), Madeleine Delbrêl, Der kleine Mönch. Gedankenblitze eines Gottsuchers, München: Verlag Neue Stadt 2020.

Dies. (Hg.), Madeleine Delbrêl, Du lebtest, und ich wusste es nicht. Gebete und poetische Meditationen, München: Verlag Neue Stadt 2023.

## Unveröffentlichte Schriften:

*Nach wie vor gibt es unveröffentlichte Schriften Madeleine Delbrêls. Sie befinden sich im Archiv der Association des Amis de Madeleine Delbrêl: Archives Madeleine Delbrêl (AMD).*

## Biografie Madeleine Delbrêls:

Boismarmin, Christine de, *Madeleine Delbrêl 1904–1964. Rues des villes chemins de Dieu.* Présentation de Jacques Loew, Paris: Nouvelle Cité 1985.
– Madeleine Delbrêl. Ein Leben unter Menschen, die Christus nicht kennen. Übersetzung von Mathilde Wiemann, München: Verlag Neue Stadt 1986.
– Madeleine Delbrêl. Mystikerin der Straße. Übersetzung von Mathilde Wiemann, 2., neu bearbeitete Auflage, München: Verlag Neue Stadt 1996.

Boehme, Katja, Madeleine Delbrêl. Die andere Heilige, Freiburg: Verlag Herder 2004.

François, Gilles / Pitaud, Bernard, *Madeleine Delbrêl. Poète, assistante sociale, mystique,* Paris: Nouvelle Cité 2014.
*Deutsch:* Madeleine Delbrêl. Die Biografie, übersetzt von Annette Schleinzer, München: Verlag Neue Stadt 2019.

Guéguen, Jean, *Petite vie de Madeleine Delbrêl,* Paris: Desclée de Brouwer 1995.

Schleinzer, Annette, Die Liebe ist unsere einzige Aufgabe. Das Lebenszeugnis von Madeleine Delbrêl, Ostfildern: Schwabenverlag $^{3}$2006; aktualisierte Neuausgabe Kevelaer: Verlagsgemeinschaft topos plus 2019.

## Literatur zu Madeleine Delbrêl (alphabetisch und in Auswahl):

Biendarra, Ilona, Christsein als Berufung und Auftrag heute. Von Madeleine Delbrêl inspirierte Lebensentwürfe in Frankreich, Italien und Deutschland, in: Lebendiges Zeugnis 4/2010, 251–260.

Boehme, Katja, Gott aussäen. Zur Theologie der weltoffenen Spiritualität bei Madeleine Delbrêl, Würzburg: Echter Verlag 1997.

Dies., Herkert, Thomas (Hg.), ... lauter Sprungbretter in die Ekstase. Alltagsspiritualität nach Madeleine Delbrêl, Würzburg: Echter Verlag 2015.

Madeleine Delbrêl, Sonderheft von: entschluss, Zeitschrift hg. von den deutschsprachigen Jesuiten unter Verantwortung der Österreichischen und Schweizer Ordensprovinz, Wien–Zürich, Heft II/1994, 49. Jahrgang.

Madeleine Delbrêl, *assistante sociale* (1931–1945). Sonderheft von: Vie sociale 3/2008, hg. von Le CEDIAS – Musée social, Paris.

François, Gilles / Pitaud, Bernard / Spycket, Agnès, *Madeleine Delbrêl, connue et inconnue*. Livre de centenaire. Paris: Nouvelle Cité 2004.

François, Gilles / Pitaud, Bernard, *Madeleine Delbrêl. Genèse d'une spiritualité*, Paris : Nouvelle Cité 2008.

Fuchs, Gotthard (Hg.), „... in ihren Armen das Gewicht der Welt". Mystik und Verantwortung: Madeleine Delbrêl, Frankfurt: Knecht-Verlag 1995.

Ders., Die prophetisch priesterliche Frau. Madeleine Delbrêl: politisch, sozial, christlich, in: Christ in der Gegenwart Nr. 8/2017, 86.

Weihbischof Georgens, Otto, Das Evangelium leben mit Madeleine Delbrêl, Ramstein: Paqué-Druck und Verlag ²2003.

Ders., Maria – Mutter einer missionarischen Kirche, Ramstein: Paqué-Druck und Verlag 2003.

Ders. (Hg.), Auf den Straßen der Welt verbirgt sich Gott. Hundert Worte von Madeleine Delbrêl, München: Verlag Neue Stadt 2004.

Ders., Die Einsamkeit im Leben und in der Spiritualität von Madeleine Delbrêl, in: Geist und Leben 77 (2004), 361–368.

Knoepffler-Parsons, Rita, Madeleine Delbrêl. Das Aggiornamento der Demut in ihrem Leben und in ihren Schriften, München: Herbert Utz Verlag GmbH 2006.

HEIMBACH-STEINS, Marianne, Unterscheidung der Geister – Strukturmoment christlicher Sozialethik. Dargestellt am Werk Madeleine Delbrêls, Münster; Hamburg: Lit-Verlag 1994.

DIES., „Ein normaler Gewaltzustand". Politische Konflikte als Herausforderung christlichen Handelns. Das Beispiel Madeleine Delbrêls, in: Gotthard Fuchs (Hg.), „... in ihren Armen das Gewicht der Welt". Mystik und Verantwortung: Madeleine Delbrêl, Frankfurt: Knecht-Verlag 1995, 91–107.

NÜRNBERG, Rosemarie, Ergriffen von Gott. Exerzitien mit Madeleine Delbrêl, München: Verlag Neue Stadt 2010.

DIES., Anders beten. Impulse von Madeleine Delbrêl, München: Verlag Neue Stadt 2015.

PITAUD, Bernard, *Eucharistie et Discernement chez Madeleine Delbrêl*, Paris: Nouvelle Cité 2010.

DERS., *Madeleine Delbrêl, des rencontres décisives*, Paris: Nouvelle Cité 2017.

SCHLEINZER, Annette, Madeleine Delbrêl: Beten „mit voller Lunge", in: Willi Lambert / Melanie Wolfers (Hg.), Dein Angesicht will ich suchen. Sinn und Gestalt christlichen Betens, Freiburg: Verlag Herder 2005, 206–220.

DIES., Gott einen Ort sichern. Madeleine Delbrêl (1904–1964) – Eine Zeugin der Hoffnung, in: Georg Köhl / Gundo Lahmes (Hg.), Abenteuer Hoffnung. Lebenszeugnisse und Glaubenszeugen, Berlin: EB-Verlag Dr. Brandt 2012, 133–143.

DIES., „Weil deine Augen in den unsren erwachen ...". Madeleine Delbrêl und die „Liturgie der Außenseiter", in: Meditation, Zeitschrift für christliche Spiritualität und Lebensgestaltung, 1/2013, 43–48.

DIES., „Den ganzen Weg entlang die Gebärden Christi vollziehen". Begegnung mit Madeleine Delbrêl (1904–1964), in: Kirche an der Seite der Armen. Ein Praxisbuch zur Sozialpastoral, Freiburg: Lambertus-Verlag 2013, 167–175.

DIES., Armut zu leben ist eine echte kirchliche Aufgabe. Anregungen aus der Begegnung mit Madeleine Delbrêl (1904–1964), in: Internationale Zeitschrift Communio 44 (2015), 617–627.

DIES., „Ein Weg zwischen zwei Abgründen". Atheismus und Spiritualität bei Madeleine Delbrêl, in: Lebendige Seelsorge 4/2020, 284–287.

DIES., „zu jeder Stunde eine Wahl treffen". Unterscheidung der Geister – ein Lebensthema Madeleine Delbrêls (1904–1964), in: Erbe und Auftrag 3 (2022), 269–280.

STEIOF, Dorothee, Verherrlichung Gottes. Madeleine Delbrêl und alttestamentliche Texte, Stuttgart: Kohlhammer Verlag 2013.

## WEITERE LITERATUR (im Buch zitiert):

ANGENENDT, Arnold, Mission im Frühmittelalter. Die religiösen und sozialgeschichtlichen Rahmenbedingungen, in: Zeitschrift für Missionswissenschaft und Religionswissenschaft 2 (2004), 99–122.

Aussteigen Umsteigen Einsteigen. Ein Kursbuch für den Dialog mit Nichtchristen, hg. vom Pastoralen Arbeitskreis des Bistums Magdeburg, 1998.

BALLESTREM, Monica Gräfin von, Schreiben gegen das Überhören. Für eine plurale und basisorientierte Theologie und Praxis der Kirche, Würzburg: Echter Verlag 2003.

BERGOGLIO, Kardinal Jorge Mario, Rede beim Vorkonklave, z. B. zu finden unter http://blog.radiovatikan.de/die-kirche-die-sich-um-sich-selber-dreht-theologischer-narzissmus

BUBER, Martin, Begegnung. Autobiographische Fragmente, Stuttgart [2]1961.

DERS., Zwiesprache, in: ders., Das dialogische Prinzip, Heidelberg [5]1984, 137–196.

DI LORENZO, Giovanni, in: DIE ZEIT No 45, 27. Oktober 2016, 51.

JOHNSON, Elizabeth A., Der lebendige Gott. Eine Neuentdeckung, Freiburg: Verlag Herder 2016.

KASPER, Walter Kardinal, Barmherzigkeit, Grundbegriff des Evangeliums – Schlüssel christlichen Lebens, Freiburg: Verlag Herder 2012.

KAUFMANN, Franz-Xaver, Kirche begreifen. Analysen und Thesen zur gesellschaftlichen Verfassung des Christentums, Freiburg: Verlag Herder 1979.

KNAPP, Andreas, Die Erdichtung Gottes. Poetische Annäherungen an den christlichen Glauben, Gastvorlesung in Innsbruck, in: Andreas Knapp, Die Erdichtung Gottes: www.feinschwarz.net/die-erdichtung-gottes-poetische-annaeherungen/#more-1934.

KÖRNER, Reinhard, Gott. 95 Thesen, Leipzig: St. Benno Verlag 2016.

MARTI, Kurt, Abendland: Gedichte, Darmstadt und Neuwied: Luchterhand Verlag 1984, 50.

MERKEL, Angela, Rede vom 23.01.2017 beim Diözesanempfang in Würzburg.

MÜLLER, Klaus, Gottes ABC. Gedanken und Texte zum Lesejahr B, Münster: Aschendorff Verlag 2015.

PAULA, Jakob, Nazareth ist überall, in: Christ in der Gegenwart Nr. 48/2016, 529f.

PAPST BENEDIKT XVI., Enzyklika Deus caritas est, hg. vom Sekretariat der Deutschen Bischofskonferenz $^{6}$2008 (= Verlautbarungen des Apostolischen Stuhls Nr. 171).

PAPST FRANZISKUS, Apostolisches Schreiben „Evangelii Gaudium", hg. vom Sekretariat der Deutschen Bischofskonferenz 2013 (= Verlautbarungen des Apostolischen Stuhls Nr. 194).

DERS., Apostolisches Schreiben „Misericordia et misera" zum Abschluss des Außerordentlichen Heiligen Jahres der Barmherzigkeit, hg. vom Sekretariat der Deutschen Bischofskonferenz 2016 (= Verlautbarungen des Apostolischen Stuhls Nr. 207).

DERS., Mein Leben – mein Weg. El Jesuita. Die Gespräche mit Jorge Mario Bergoglio von Sergio Rubin und Francesca Ambrogetti, Freiburg: Verlag Herder 2013.

Päpstlicher Rat für Gerechtigkeit und Frieden, Kompendium der Soziallehre der Kirche, Freiburg: Verlag Herder [3]2014.

Rahner, Karl, Frömmigkeit früher und heute, in: Ders., Schriften zur Theologie, Bd. 7, Zur Theologie des geistlichen Lebens, Einsiedeln: Johannes Verlag 1971, 11–13.

Ders., Strukturwandel der Kirche als Aufgabe und Chance, Neuausgabe Freiburg: Verlag Herder 1989.

Ders., Theologische Grundinterpretation des Zweiten Vatikanischen Konzils, in: ders., Schriften zur Theologie Band 14, Einsiedeln: Johannes Verlag 1980.

Richter, Klemens, Liturgiereform als Mitte einer Erneuerung der Kirche, in: ders. (Hg.), Das Konzil war erst der Anfang. Die Bedeutung des II. Vatikanums für Theologie und Kirche, Mainz 1991.

Schüssler, Michael, Differenzen der Spiritualität – praktisch-theologisch betrachtet, in: M. Eckholt/ R.A. Siebenrock / V. Wodtke-Werner (Hg.), Die große Sinnsuche. Ausdrucksformen und Räume heutiger Spiritualität, Ostfildern 2016, 21–40.

Strenger, Carlo, Wie viele Likes der Mensch braucht, in: Neue Zürcher Zeitung 17.12.2016, 21.

Tetens, Holm, „Auferstehung der Toten, Gericht, Vergebung", in: Herderkorrespondenz 1/ 2017, 18–22.

Wanke, Bischof em. Joachim, Interview mit der Tageszeitung „DIE WELT" vom 3.5.2012.

Wess, Paul, Gemeindekirche – Ort des Glaubens. Die Praxis als Fundament und als Konsequenz der Theologie, Graz: Verlag Styria 1989.

Werlen, Martin, Angesichts der Traditionen die Tradition nicht vergessen. Die katholische Kirche und die Herausforderung des Zeitgeists, in: Herderkorrespondenz 9 (2015), 464ff.

Wolfers, Melanie, Selig die Unglücklichen, in: Christ in der Gegenwart Nr. 49/2016, 549f.

# Madeleine Delbrêl im Verlag Neue Stadt

## DIE GROSSE BIOGRAFIE

Gilles François/Bernard Pitaud
**Madeleine Delbrêl**
Die Biografie
Aus dem Französischen übersetzt
von Annette Schleinzer

Das internationale Standardwerk in deutscher Sprache: umfassende Einblicke in das Leben und den inneren Werdegang Madeleine Delbrêls.
Mit vielen neuen Informationen über die Künstlerin, Sozialarbeiterin und Mystikerin.

Mit SW-Fotos, Namensregister und ausführlichem Literaturverzeichnis.
352 Seiten, gebunden, mit Leseband
ISBN 978-3-7346-1204-6

## EIN SPIRITUELLER KLASSIKER

Madeleine Delbrêl
**Alcide, der kleine Mönch**
Gedankenblitze eines Gottsuchers
Hg. von Annette Schleinzer

Mit Illustrationen von Henry G. Angeles

Diese Weisheiten des Alltags zählen zum Schönsten, was Madeleine geschrieben hat: Das vollständige Original, erstmals auf Deutsch anhand der französischen Gesamtausgabe übersetzt von Annette Schleinzer.

120 Seiten, gebunden
ISBN 978-3-7346-1222-0

Mehr unter www.neuestadt.com

## DAS GROSSE LESEBUCH

Madeleine Delbrêl
**Deine Augen in unseren Augen**
Ein Lesebuch
Hg. von Annette Schleinzer

Eine »Auslese« aus einer Hinterlassenschaft, die zeigt, wie faszinierend es ist, gerade heute als Christin, als Christ zu leben, in einer Innerlichkeit, die trägt und drängt, Mensch unter Menschen zu sein. Mit ausführlicher biografischer Einleitung.

272 Seiten, gebunden
ISBN 978-3-7346-1295-4

## VIELE ERSTMALS AUF DEUTSCH VERÖFFENTLICHTE GEBETE

Madeleine Delbrêl
**Du lebtest, und ich wusste es nicht**
Gebete und poetische Meditationen

Viele zuvor noch nicht auf Deutsch zugängliche Gebete von Madeleine Delbrêl sowie ihre „poetischen Meditationen" in einer Neuübersetzung bzw. -bearbeitung.

„Es ist das, was für sie selbst einen besonderen Platz einnahm, Ausdruck ihrer eigenen im Alltag gelebten und erlittenen Beziehung zu Gott" (Annette Schleinzer).

152 Seiten, gebunden
ISBN 978-3-7346-1324-1

Mehr unter www.neuestadt.com

**EXERZITIEN**
**MIT MADELEINE DELBRÊL**

Rosemarie Nürnberg
**Ergriffen von Gott**

Meditationen über Grundmotive bei Madeleine Delbrêl.

Aus dem Inhalt:
– Suchend gefunden werden
– „Gott einen Ort sichern"
– „Rendezvous mit Christus"
– Gebet in einem weltlichen Leben".

96 Seiten, kartoniert
ISBN 978-3-7346-1123-0

**Auch als Hörbuch!**

Sprecher: Christoph Behr
Mit Ausschnitten aus den Goldberg-Variationen von Johann Sebastian Bach, gespielt von Annette Naumann, Kempten.

2 CDs, ISBN 978-3-7346-1229-9

Madeleine Delbrêl im Verlag Neue Stadt

**ANREGUNGEN FÜR EIN ZEITGEMÄSSES BETEN**

Rosemarie Nürnberg
**Anders beten**
Impulse von Madeleine Delbrêl

Heute beten?
Ja, aber wie und wann?
Madeleines Impulse sind eine
Fundgrube von Anregungen.

144 Seiten, gebunden
ISBN 978-3-7346-1032-5

**AUS DER REIHE »100 WORTE«**

Madeleine Delbrêl
**Auf den Straßen der Welt verbirgt sich Gott**
Hg. von Otto Georgens

Eine Auswahl von Madeleine Delbrêls
prägnantesten Worten und Kurztexten.
Dass sie mehr sind als Worte,
ist in jeder Zeile zu spüren.

120 Seiten, gebunden
ISBN 978-3-7346-1243-5

Mehr unter www.neuestadt.com

www.neuestadt.com